Edmund Ramsdorf
Sammlung vorzüglicher Hausmittel

Ramsdorf, Edmund: Sammlung vorzüglicher Hausmittel
Hamburg, SEVERUS Verlag 2011.
Nachdruck der Originalausgabe von ca. 1925.

ISBN: 978-3-86347-157-6
Druck: SEVERUS Verlag, Hamburg 2011

Umschlaggestaltung: Anna Felmy, SEVERUS Verlag
Umschlagmotiv: © breastfed/photocase.com

Der SEVERUS Verlag ist ein Imprint der Diplomica Verlag GmbH.

Bibliografische Information der Deutschen Nationalbibliothek:
Die Deutsche Nationalbibliothek verzeichnet diese Publikation in der
Deutschen Nationalbibliografie; detaillierte bibliografische Daten sind
im Internet über http://dnb.d-nb.de abrufbar.

© **SEVERUS Verlag**
http://www.severus-verlag.de, Hamburg 2011
Printed in Germany
Alle Rechte vorbehalten.

Der SEVERUS Verlag übernimmt keine juristische Verantwortung
oder irgendeine Haftung für evtl. fehlerhafte Angaben und deren
Folgen.

SEVERUS Verlag

Vortrag

Ich habe meine Tabelle zur besseren Orientierung in zwei Abteilungen ausgeführt, und zwar:

I. Abteilung:
Pflanzen, welche zu den nichtgiftigen, und

II. Abteilung:
welche zu den giftigen gehören.

Außerdem habe ich zur besseren Kenntnis und um vielfacher Verwechslung vorzubeugen, eine separate Tafel von den verschiedenen Sorten Pilzen beigefügt, welche von meinen zahlreichen Kunden gewiß mit Freuden begrüßt werden wird, und da die Pflanzen und Pilze im naturgetreuen Buntdruck ausgeführt, so fällt es nicht mehr schwer, sich die gewöhnlichen, dabei notwendigen Pflanzenkenntnisse unserer so reichhaltig mit Pflanzenerzeugnissen besäten Muttererde zu beschaffen.

Zuerst führe ich in der Reihenfolge der Pflanzentafel die „nichtgiftigen" Pflanzen auf.

Der Herausgeber

Einleitung

Meiner werten Kundschaft kann ich hierdurch die freudige Mitteilung machen, daß meine erste Auflage des medizinischen Kräuterbuches vergriffen und ich mich genötigt fühlte, eine zweite, vielfach verbesserte Auflage herauszugeben.

Auch ist mir von der österreichischen Gesellschaft für Kochkunst, Ernährung und Hauswirtschaft, Wien XI/2, nachstehendes Schreiben zugegangen:

Wien, den 3. August 1903

Herrn **Edmund Ramsdorf, Freiberg i. Sa.** (jetzt Weixdorf)

Wir beehren uns Ihnen höflichst mitzuteilen, daß Ihnen anläßlich der Einsendung Ihrer

„Sammlung vorzüglicher Hausmittel" die

Verdienst-Medaille

zuerkannt worden ist.

Wie schon in meiner ersten Auflage erwähnt, sind speziell Pflanzenarzneien, welche uns die Natur in großer Unmasse gibt, die allerunentbehrlichsten und dabei wirksamsten, und den mineralischen, chemischen Produkten vorzuziehen.

Sind es doch hauptsächlich Pflanzen, welche wir Menschen genießen und zur Nahrung des Körpers dienen. Wollte ich alle diese kräftigenden Nährsalze, Eiweißstoffe usw. enthaltenden Nahrungsmittel aufzählen, so würde dieses kostbare Werkchen viel zu klein sein.

Wie groß ist der Weltraum und mit wieviel verschiedenen Arzneikräutern ist er besät; hat doch jede Pflanze ihre bestimmte Heilwirkung und Heilkraft, und wie jedes Lebewesen der Erde seine besondere Bestimmung, so hat auch jede Pflanze ihre bestimmten Eigenschaften und Heilwirkungen.

Leider hat man sich in neuerer Zeit teilweise von den Pflanzenheilmitteln ab- und den chemischen Heilmittelerzeugnissen zugewandt, was jedoch vom natürlichen Standpunkt aus nicht von Vorteil ist. Haben wir doch, wie schon erwähnt, in den Heilmittelpflanzen eine so große und weitgehende Auswahl, daß es nicht schwer fällt, bei leichteren Erkrankungen sofort ein bewährtes und erprobtes Mittelchen bei der Hand zu haben und ist es vom weitaus größten Nutzen, wenn ein Medikament rechtzeitig angewandt und nicht erst gewartet wird, bis sich der Krankheitskeim im Körper festgesetzt hat.

Die meisten Krankheiten entstehen hauptsächlich durch Erkältungen und muß man darauf achten, daß vor allen Dingen die Füße recht warm gehalten werden, was im Gegenteil Husten, Katarrh, Heiserkeit und bei Vernachlässigung die nicht angenehme Lungenentzündung usw. zur Folge haben kann.

Auch diesmal habe ich im vorliegenden Werkchen alles Wissenswerte erwähnt, um jeden Käufer in den Stand zu setzen, jederzeit sein eigener Arzt zu sein.

Es gibt ja über Hausarzneien verschiedene große und teure Bücher, jedoch sind diese meistens zu breitstielig, und ist auch nicht für jeden kleinen Haushalt wegen des hohen Preises möglich, sie anzuschaffen.

Mag auch dieses kleine Werkchen zum Segen der Menschheit gereichen.

1. Fetthenne (Sedum teleph.)

An sonnigen Orten häufig vorkommende Pflanzen. Als Volksarzneimittel und Aufguß innerlich als kühlendes und fieberwidriges Mittel zu gebrauchen. Der Saft wird äußerlich gegen Milchschorf, Kopfgrind und Brandwunden, sowie gegen Epilepsie angewandt.

30 Gramm auf ½ Liter kochendes Wasser brühen und alle drei Stunden eine Obertasse voll trinken.

2. Liebstöckel (Leoisticum)

Badekrautwurzel, Beermutterwurzel, hat einen eigentümlichen, süßlichen Geruch. Als Aufsatz mit Kornbranntwein dient es, täglich dreimal einen Eßlöffel voll genommen, gegen Nervenschwäche, und gleichzeitig täglich zweimal die Glieder damit einreiben. Auch als Badezusatz für schwächliche Kinder geeignet.

3. Eiche (Quercus)

Die im Frühjahr gesammelte und getrocknete Rinde wird bei Fluß der Frauen als Sitzbäder von gutem Erfolg angewandt.

Zum Gurgeln bei entzündeter Mundschleimhaut und Zahnfleisch wegen seiner zusammenziehenden Eigenschaften.

Auf ein Sitzbad nimmt man ½ kg gutgetrocknete Eichenrinde, kocht sie tüchtig und benutzt sie lauwarm.

4. Mistel (Viscum album)

Eichenmistel, ein Schmarotzerstrauch. Wächst auf Kiefern, Birken, Buchen, Eichen, Linden und Obstbäumen. Als Aufguß gegen Krämpfe und Blutwallung.

Vorzüglich bei zu starkem Blutabgang der monatlichen Periode; früh und abends einen Teelöffel voll auf eine Tasse Wasser zu nehmen.

5. Safranblüte (Crocus sativus)

Wird als schmerz- und krampfstillendes, auch als ein Menstruations- und wehentreibendes Mittel in Gaben von ¼—½ Gramm angewendet.

Für Kinder nicht zu gebrauchen.

6. Weiß-Taubnessel (Lamium alb.)

Weiß-Taubnessel wächst überall in großen Massen, ist ein gutes, gelindes Blutreinigungsmittel und wirkt ausgezeichnet bei Aufregung und Herzklopfen. Die Blüten werden mit heißem Wasser gebrüht und täglich drei- bis viermal eine Tasse gegeben.

7. Lein (Linum)

Leinsamen enthält in der Schale viel Schleim und wird als ein ausgezeichnetes Spezifikum zu erweichenden, schmerzlindernden Umschlägen bei Magenkrankheit, Geschwülsten, Zahngeschwüren gebraucht.

Mit Kandis gekocht, ist er ein vortreffliches Mittel gegen Husten, Heiserkeit, Verschleimung der Atmungsorgane.

8. Mauerpfeffer (Sedum)

Auch Steinkraut, Katzenträublein genannt. Das getrocknete Kraut wird Ende Juli gesammelt, ausgekocht und äußerlich bei Verbrennungen, brandigen und krebsartigen Geschwüren verwandt.

Innerlich: Ein Eßlöffel voll auf eine Tasse Wasser gegen Wechselfieber.

9. Hundsrose (Rosa Canina)

Rote Hundsrosen werden besonders bei Leiden der Atmungsorgane verwendet.

Die getrockneten beerenartigen Fruchtschalen werden bei Krankheiten des Unterleibes genommen. Der Samen der Früchte eignet sich ganz vorzüglich als harntreibendes Mittel, auch als Aufguß gegen Harngrieß und Steinbeschwerden.

10. Kalmus (Acorus calamis)

Kalmuswurzel wirkt sehr magenstärkend. — Man übergießt 50 Gramm kleingeschnittene Wurzel mit ¼ Liter kochendem Wasser, läßt es längere Zeit auf dem Feuer stehen, ohne daß es kocht, fügt etwas Kandis hinzu, nimmt solches eßlöffelweise kalt bei Appetitlosigkeit, kaltem Fieber, Bleichsucht und Darmblähungen.

Äußerlich: 100 Gramm gut gekocht zu einem Bade für schwächliche Kinder, sowie gegen die viel gebende englische Krankheit.

Mit Branntwein aufgesetzt (100 Gramm auf ein Liter) als Einreibung ganz vorzüglich für vorstehende Krankheiten anzuwenden.

11. Königskerze (Verboseum thapsiforme)

Wollblumen, Wollkrautblumen, Himmelbrandblumen, riechen getrocknet sehr angenehm und sind ein Bestandteil des Brusttees und daher auch als gutes Hustenmittel zu verwenden.

12. Quecke (Graminis)

Queckenwurzel, Graswurzel, kommt überall vor und wird beliebig als ein gelindes, keine Nachteile hinterlassendes Blutreinigungsmittel, besonders für Kinder empfohlen.

13. Schafgarbe (Achillea-Millefolium)

Diese ausgezeichnete Heilpflanze bewirkt nach Professor Weber u. a. bei Frauenkrankheiten, bei übermäßigen Hämorrhoidalblutungen, Blutspeien, das in Schwindsucht auszuarten droht, bei Kolikschmerzen, Bleichsucht, Darmverschleimungen, bei Krampf, besonders bei gleichzeitiger Verstimmung der Unterleibsnerven fast Wunder. Die Blüte verwendet man auch als Husten- und Lungenmittel. Die Schafgarbe wird als Teeaufguß von 15 bis 30 Gramm auf ½ Liter kochendes Wasser, drei- bis viermal eine Obertasse gegeben.

14. Fieberklee (Memanthes trifoliata)

Der Fieberklee gehört zu den milden, bitteren, magenstärkenden Arzneimitteln, welche man im Aufguß gebraucht.

Gegen Fieber, Erkältung, auch bei Magenkatarrh und selbst bei Appetitlosigkeit ist es ein nicht zu unterschätzendes altes gutbewährtes Hausmittel.

15. Heide (Calluna vulgaris)

Heidekraut. — Die im Herbst fast überall blühende, bald von allen gekannte, hübsche und beliebte Pflanze wird noch viel zu wenig im Arzneischatz verbraucht, trotzdem es ein billiges, gutes Mittelchen gegen Ausschlag ist, sowie blutreinigend wirkt. Es sollte niemand versäumen, sich ein größeres Quantum einzutragen und gut getrocknet aufzubewahren.

16. Linde (Tilia ulmifolia)

Lindenblüten sind eins von den meistbegehrtesten und weitverbreitetsten Hausmitteln, sie sind magenstärkend, krampfstillend, schweißtreibend. Bei Erkältungen, Masern, Fiebererscheinungen, als Aufguß beweisen sie sofort ihre unfehlbare Wirkung. Ganz besonders bei Kindern, wenn solche über Unwohlsein klagen, gibt man öfters mit Kandis gekocht einen Eßlöffel voll. Lindenblüten müssen gut trocken aufbewahrt werden.

17. Wacholder (Juniperus communis)

Wacholderbeeren kommen in Wäldern stellenweise sehr häufig vor und werden als harntreibendes Mittel bei Wassersucht, chronischen Schleimflüssen der Harn- und Geschlechtsorgane, bei Blasenlähmung, rheumatischen, gichtigen Leiden gebraucht.

Dienen auch als Räuchermittel bei ansteckenden Krankheiten.

Wacholdersaft 1—2 Teelöffel täglich früh und abends in einer Obertasse lauwarmen Wassers als Frühjahrs- und Herbstkur genommen, verhütet viele Krankheiten.

18. Lebensbaum (Thuja)

Die Blätter des Lebensbaumes werden als auflösendes, schweiß- und harntreibendes, den Husten linderndes Mittel angewandt.

19. Süßholz (Glycyrrhica-glalera)

Wächst nur im Auslande und ist ein in der Medizin viel gebrauchter Artikel, wird gegen Husten angewandt. Auch Süßholzsaft (Lakritzen), sowie Salmiakpastillen, welche vom Süßholz gewonnen werden, sind gute Medikamente bei Katarrh, Verschleimungen.

20. Veilchen (Viola odorata)

Veilchenblüten sind ein probates Mittel gegen Keuchhusten für Kinder. Mit Honig gekocht und stündlich je nach dem Alter ½—1 Teelöffel voll gegeben, bewirkt augenblicklich Linderung. Von großem Vorteil ist es, wenn man die Abkochung eine Zeitlang regelmäßig weitergibt.

21. Löwenzahn (Taraxacum)

Löwenzahnwurzel dient zur Ausheilung bei Stockungen und Verschleimungen des Unterleibes, ganz besonders bei Gallenleiden. 15 Gramm auf eine Tasse täglich dreimal zu geben.

22. Tormentill

Tormentillwurzel, Ruhrwurzel, auch Rotwurzel genannt, wird hauptsächlich vom Publikum als ein gutes Heilmittel bei Durchfall, Ruhr, selbst bei Wechselfieber als Aufguß, 10 Gramm auf eine Obertasse Wasser genommen.

23. Kornblume (Cyanus)

Trotzdem die Kornblume allgemein bekannt und beliebt ist, so wird sie wegen ihrer medikamentösen

Eigenschaften fast gar nicht mehr in der Medizin verwandt.

Äußerlich zu Umschlägen bei entzündeten Augen (10 Gramm auf ¼ Liter Wasser) und innerlich gegen Gelbsucht (10 Gramm auf eine Obertasse gebrüht) zu gebrauchen.

24. **Petersilie** (Petroselinum)

Zur Anwendung bei Blasen- und Harnleiden ist die Wurzel ein wirklich gutes Hausmittel, säubert das Blut von allen schlechten Säften und macht den Körper leicht und schmiegsam.

Täglich dreimal eine Tasse zu nehmen.

25. **Erdbeere** (Fragaria-vesca)

Die Walderdbeere in Europa, im nördlichen Asien und Amerika ist eine stark verbreitete Pflanze und der Gartenerdbeere in Aroma und Güte überlegen. Heilen den menschlichen Organismus aus und können nicht genug gegessen werden. Der Aufguß ist kalt genossen ein vorzügliches, durchsichtiges Getränk bei Fiebererscheinungen.

Erdbeeren wurden in früheren Zeiten vielfach gegen Gicht-, Nieren- und Blasenleiden angewandt. — Die Blätter sind ein jederzeit gern getrunkenes ‚dem chinesischen Tee ähnlichschmeckendes, den Nachtschweiß minderndes Getränk.

26. **Augentrost** (Euphrasia)

Ein wirklich gutes und altes Mittel bei entzündeten Augen, auch durch Zugluft oder vom Schnupfen herrührend, als Umschläge sehr vorteilhaft zu gebrauchen.

Man kann die Pflanze als Aufguß mit Wasser oder als Auszug mit Spiritus verdünnt verwenden.

27. Spitzwegerich (Plantago lanceolata)

Saft und Auskochung des Spitzwegerichs wirkt heilend bei Schwindsucht, Blutungen, Blutbrechen, weißem Fluß, äußerlich angewendet bei Geschwüren, Fisteln, Quetschungen, Verbrennungen. Gegen rheumatischen Zahnschmerz steckt man ein Stück der frischen Wurzel in Watte gewickelt in das Ohr.

28. Lungenkraut (Pulmonario)

Als gutes Volksmittel ist das Kraut, im Aufguß genommen, bei Leiden der Lungen- und Brustorgane ein stets vorzüglicher Tee und kann auch bei Halskrankheit, eingegeben und gegurgelt, nicht genug empfohlen werden.

29. Rosmarin

Rosmarinblätter werden hauptsächlich zu Bädern verwendet.

Das gewonnene Öl zu Salben und Einreibungen als Stärkungsmittel bei Kindern, welche mit englischer Krankheit behaftet, viel gebraucht.

Eine gute, stärkende Salbe wird bereitet:

Schweineschmalz 80 Gramm und Hammeltalg 40 Gramm, gelbes Bienenwachs 10 Gramm, Muskatbutter und Wacholderöl je 5 Gramm.

Die Öle werden den geschmolzenen und halb erkalteten Fetten unter Umrühren zugesetzt und die Gelenke, Sehnen täglich zwei- bis dreimal gut eingerieben.

30. Melisse

Melissenkraut gilt als ein gutes, blähungtreibendes Mittel. Innerlich gebraucht man es im Aufguß mit Wasser und äußerlich gekocht zu Bädern und Waschungen bei Magenschmerzen und Blähungen.

31. Arnika

Arnikablüten, Wohlverleihblüten, Fallkraut, Gems- und Blutblumen genannt, wachsen stellenweise in großen Mengen, hauptsächlich auf Waldwiesen; wirken anregend auf das Nerven- und Gefäßsystem, beschleunigen den Blutumlauf und befördern Harn- und Schweißabsonderung. Man muß sehr vorsichtig sein, daß man keine zu großen Gaben nimmt und es ist besser, man befragt sich erst bei einem Kenner, welches Quantum für den Fall oder Alter in Frage kommt.

Dagegen ist ein Auszug mit Spiritus (100 Gramm auf ein halbes Liter Wasser) zu Umschlägen bei Stoß, Quetschungen, Verrenkungen von großartigster Wirkung.

32. Wasserminze (Mentha aquata)

Erfolgreiche medizinische Pflanze bei katarrhalischen Erscheinungen als Blutreinigungstee und bei Skrophulose anzuwenden. Täglich zweimal eine Tasse.

33. Fenchel (Fœniculi)

Der Fenchel ist ein beliebtes Carminativum, welches mit Milch den kleinen Kindern, welche der Mutterbrust entbehren, gereicht wird. Für stillende Frauen täglich eine Tasse als Milchreinigung von besonderem Vorteil.

Fenchelsamen mit Honig und Zuckerkant gekocht ist ein beliebter und allgemein bekannter Hustensaft für Kinder und Erwachsene.

34. Kreuz-Enzian (Enciana cruciata)

Enzianwurzel ist ein bitteres, kräftiges Tonicum, welches in mäßigen Gaben (10 Gramm auf eine Tasse gekocht, täglich dreimal genommen) die Verdauung kräftigt und die aus Verdauungsstörungen erfolgten Übel beseitigt.

Das Pulver wird vielfach als Mittel gegen Trunksucht empfohlen und verwendet.

35. Zinnkraut (Equisetum arvene)

Auch Schachtelhalm, ist ein hauptsächlich gutes Kraut gegen Wassersucht, Nierenschmerzen und harntreibendes Mittel. Gegen alte Schäden als Tee und im Aufguß zu Umschlägen, ebenso bei Blutungen, Bluterbrechen ganz vorzüglich. Auch bei langandauernder Periode 1—2 Tassen täglich zu trinken.

36. Hirschzunge (Scolopendrium)

Ein Vegetabil als vortreffliches Mittel bei Brust-, Milz- und Blasenleiden.

In Ungarn wird sie als beliebtes Volksmittel bei Lungenkrankheiten empfohlen.

Hirschzunge wird gekocht und täglich drei- bis viermal genommen.

37. Baldrian (Valeriana)

Baldrianwurzel ist eines der beliebtesten, vorzüglichsten, krampfstillenden, selbst wurmtreibenden Mittel.

Täglich dreimal einen Eßlöffel voll mit einer Tasse Wasser gekocht, auch gegen Nervenleiden und Hypochodrie. Selbst bei kleinen Kindern gegen Zahn- und andere Krämpfe, die Wurzel mit Zucker zu einem Saft gekocht, täglich dreimal 1—3 Teelöffel voll gegeben, bringt überraschende Erfolge.

38. Tausendgüldenkraut (Centaurium)

Das Tausendgüldenkraut gehört zu den vielen als ganz besonders empfohlenen Naturkräutern, ist magenstärkend, vertreibt Fieber, bringt gelinden Schweiß hervor, beruhigt das Blut und verbessert die Magensäfte.

Es ist eine Pflanze, welche mehr Wert hat als Geld. Tausendgüldenkraut oder Fieberkraut gibt man je nach Bedarf 3—4 Tassen täglich.

39. Waldmeister (Asperula odorata)

Auch Herzfreude, Sternleberkraut genannt, wird gegen Herzklopfen, Gelb-, Haut- und Bauchwassersucht in Gaben von täglich 4 Tassen gegeben.

Eine Handvoll frischen Waldmeister mit zwei Flaschen leichten Weiß- oder Apfelwein eine halbe Stunde ziehen gelassen, mit etwas Zucker versüßt, gibt ein erfrischendes, angenehm schmeckendes und gesundes Getränk.

40. Quendel (Thymus-Serpyllum)

Auch Feldthymian, Feldkümmelkraut, Gundelkraut, Hühnerkraut, wird zu Kräuterkissen bei Zahnschmerzen, Geschwülsten, zu Bädern bei schwächlichen Kindern, auch bei Quetschungen angewendet.

41. Aloe (Aloe soccotrina L.)

Der aus den Blättern gewonnene Saft gibt den Aloegummi; dieser Gummi gestoßen das Aloepulver. Dasselbe ist als Arzneimittel seit den ältesten Zeiten geschätzt und wird die Pflanze kurzweg Aloe genannt. Er hat einen eigentümlichen, widerlichen, myrrhenartigen Geruch und einen ausnehmend bitteren Geschmack und gehört zu den abführenden und zwar scharf drastischen Mitteln.

In kleineren Gaben längere Zeit genommen, wirkt der Aloe tonisch auflösend, befördert die Absonderung des Darmkanals, beseitigt die durch verminderte Tätigkeit desselben entstandenen Beschwerden.

Aloepulver: 1—2 Messerspitzen mit einem Kaffeelöffel voll Honig als Magenreinigungsmittel.

Mit heißem Wasser übergossen, wird das Aloepulver als Augenkühlwasser verwendet.

42. Wermuttee (Artemisia absinthium)

Vorzüglich ist Wermuttee gegen Magengärungen, zur Besserung des Appetits und der Verdauung.

Entfernt den üblen Mundgeruch.

Bei Gelbsucht eine Prise als Gewürz in die Suppe.

43. Eibisch (Althaea)

Eibisch wächst meist an feuchten Orten und blüht im Juli und August.

Innerlich wird die Wurzel gegen Husten mit viel Reiz, gegen Durchfall, Ruhr, Kolik, bei schmerzenden Urinen mit Harnzwang angewendet; meistens gleichzeitig als Tee und als Einspritzung, wo es tunlich ist. Äußerlich braucht man sie zu Mund- und Gurgelwasser bei Geschwüren und Entzündungen in der Mundhöhle.

44. Fingerkraut (Potentilla)

Das Fingerkraut, auf Triften, feuchten Plätzen und an Flußufern wachsend, wird bei Wassersuchten, welche von Leberleiden abstammen, folgendermaßen angewendet: Man fertige zwei Tränke, welche abwechselnd, den einen Tag der eine, den andern Tag der andere eine Stunde nach dem Abendessen, je nach Durst getrunken werden, wie folgt an: 8 Gramm Fingerkraut und 3 Gramm mazedonischer Kärbel werden mit ¾ Liter Wasser auf die Hälfte eingesotten und dieser Sud mit einem Eßlöffel voll reinem Honig vermischt, der andere wird mit 8 Gramm Wegwartenwurzel wie der vorhergehende zubereitet.

45. Preiselbeerkraut

Die Blätter des Preiselbeerkrautes geben einen vorzüglichen Tee gegen Mundfäule, Blutzersetzung und Blutspeien.

46. Kreuzkraut (Senecio)

Gegen Würmer, Gelbsucht, Verstopfung der Leber und zur Reinigung des Blutes zerstößt man das Kraut, preßt den Saft aus, läutert ihn und nimmt täglich zweimal 60—90 Gramm.

Auch erzielt es, mit Efeublättern klein gehackt, in Butter gekocht und durch ein leinenes Tuch gedrückt als Brandsalbe eine schnelle Heilung.

47. Huflattich (Tussilago-farfare)

Huflattich ist zum Reinigen der Brust und zum Säubern der Lungen sehr anzuraten, auch bei Engbrüstigkeit und Husten, bei Brustkatarrh und bei Verschleimung der Lunge leistet er gute Dienste. Man gebraucht die getrockneten Blätter und Blüten. Den Tee versüßt man mit echtem Honig.

Bei beginnender Lungenschwindsucht soll guter Honig auf Butterbrot und ein heißer Aufguß auf drei bis vier Huflattichblätter auf eine Tasse Tee recht gut wirken. Huflattichblätter in heißem Wasser gebrüht und aufgelegt, sind ein gutes Heilmittel gegen Rotlauf, Gesichtsrose, überhaupt bei allen Geschwüren, auch für offene Füße.

48. **Ehrenpreis** (Veronica)

ist ein Volksmittel als Tee, findet Verwendung bei Verschleimung der Atmungsorgane, namentlich bei anfangender Schwindsucht.

49. **Ingwer** (Zingiber)

Wein, in welchem Ingwer mit ewas Kümmel gesotten, ist gut gegen Magen- und Unterleibsleiden. Auch benutzt man ihn als Kaumittel gegen Lähmungen der Zunge. Ingwer befördert die Verdauung in allen Fällen.

50. **Kamille** (Matricaria chamomilla)

für 50 Pfg., bekanntes Mittel gegen die verschiedensten Krankheiten, speziell Erkältungen: als recht starken Tee trinke man ihn und setzt bei Hustenanfällen Zucker hinzu.

51. **Maiglöckchen** (Convalleria)

Der Geschmack der Beeren wie der Wurzel ist widerlich, bitter und etwas scharf. Beides wird gegen Epilepsie angewandt.

52. **Salbei** (Salvia)

für 10 Pfg., mit diesem Tee gurgelt man alle zwei Stunden, um Heiserkeit zu beseitigen.

53. **Faulbaum** (Frangula)

Rinde vom Faulbaum ist ein altes, gutes, sehr viel begehrtes Hausmittel, vorzüglich bei Verstopfung wirkt sie nicht reißend, sondern sehr gelind und angenehm. Eine starke 2—3 mal täglich gegebene Dosis empfiehlt sich bei Hämorrhoidal-, Leber- und Milzleiden.

54. **Johanniskraut** (Hypericum pertoratum)

Wer von Feuchtigkeit oder Flüssen herkommende Hautschmerzen hat, der weiche diese Wurzel einige Stunden in Wein ein, binde sie über Nacht auf den Nacken oder das Haupt und lasse sie bis morgens liegen, so zieht es die Kopfschmerzen heraus und vertreibt auch den Schwindel.

55. **Mohnblume** (Papaver)

30—40 Stück Köpfe in einem halben Liter Wasser gekocht, wirken bei krampfstillenden Klistieren und schmerzstillenden Einspritzungen in die Scheide; auch kann man diese Abkochung in Form von Umschlägen verwenden.

56. **Schlüsselblume** (Primula)

Sie wird jung als Salat gegessen oder mit Gemüse gekocht. Der säuerliche Saft (4 Kaffeelöffel voll täglich) ist ein kühlendes und linderndes Mittel in verschiedenen von Schärfe herrührenden Brustkrankheiten, sowie gegen Skorbut; äußerlich wird es auch gegen Brandschäden und Hühneraugen angewendet. Leistet auch bei inneren und äußeren Entzündungskrankheiten, wie Nieren- und Blasenbeschwerden, Blutspucken, Augenentzündungen, Verbrennungen und Sodbrennen gute Dienste. Sie blüht im Frühjahr und ist überall wild anzutreffen.

57. **Gundermann** (Glechoma hederaceum)

Er besitzt einen scharfen, aber nicht unangenehmen Geruch und wirkt als Tee (eine Handvoll des getrockneten Krautes auf 5–6 Tassen) wohltätig auf leidende Brustorgane. Ferner leistet er auch gute Dienste gegen rote Ruhr, weißen Fluß, skrophulöse Geschwüre. Gegen Lungenleiden und Schwindsucht genieße man ihn in Spinat. Er blüht im April bis Mai an feuchten Orten, Wäldern und Wiesen.

58. **Rote Steinbeere**

Sie gehört zur Gattung der Heidegewächse. Der immergrüne Strauch derselben wächst in den Alpen, in Norddeutschland und in steinigen, gebirgigen und unfruchtbaren Orten. Sie wird mit Vorteil angewendet bei Nieren- und Blasenvereiterungen. Man kocht für eine erwachsene Person 8—15 Gramm in einem halben Liter Wasser bis zur Hälfte ein und nimmt dies den Tag über.

59. **Wildes Stiefmütterchen** (Viola tricolore)

für 50 Pfg., wirkt blutreinigend und ist ein vozügliches Mittel gegen Hautausschläge. Milchschorf der Kinder. Der Tee ist längere Zeit morgens und nachmittags zu trinken.

60. **Pfefferminze** (Mentha piperita)

Hauptsächlich nimmt man die getrockneten Blätter als Aufguß gegen Magenerkältung, Diarrhöe, Brechen. Das Öl gibt mit Zuckerkugeln gemischt herzstärkende Kügelchen. Mit Essig aufgebrüht löffelweise bei Bluterbrechen. Mit Wasser als gutes Mund- und Gurgelwasser bei übelriechendem Atem. Mit warmem Wasser zu einen Brei gemischt auf die Brustdrüsen gelegt, hemmt die Milchabsonderung.

61. Breitwegerich (Plantago jmaor)

Sehr häufig vorkommende Pflanze. Der Saft wird innerlich gegen Schwindsucht, Unterleibs- und Hämorrhoidalbeschwerden, sowie weißen Fluß und Wechselfieber empfohlen. Äußerlich bei Geschwüren, Fisteln, Quetschungen und Verbrennungen.
Das frische Kraut bei Wunden und Insektenstichen.

62. Karthäusernelke

Bei übermäßiger Schweißabsonderung Blüten mit Kraut in heißem Wasser gebrüht, nur täglich viermal eine Tasse genommen.

63. Wiesen-Storchschnabel (Geranium pratensis)

Bei Gemütsverstimmung und Schlaflosigkeit täglich dreimal eine Tasse durch Auszug gewonnenen Tee zu nehmen. (Ohne ärztliche Überwachung nicht zu empfehlen).

64. Holunder (Sambucus)

Flieder, Kailkenblumen, Hütschelblumen, im Aufguß von 5—15 Gramm als schweißtreibendes, äußerlich als zerteilendes und schmerzstillendes Mittel. Um eine stärkere Wirkung zu erzielen, kann man dem Tee einen Löffel voll Holundermus beifügen. Zu beachten ist ganz besonders, daß der Holundertee beim Ausbruch eines jeden Entzündungsfiebers, wo der Kopf brennt, die Haut glühend heiß und gerötet ist, der Kranke von der inneren Hitze sich beängstigt fühlt, sehr nachteilig wäre.

65. Malve

Malvenblütentee ist von vorzüglicher Wirkung bei Halsleiden, Zahngeschwüren, Bronchialkatarrh.

5 Gramm auf eine Tasse gekocht und lauwarm gegurgelt.

Bei Ohrenleiden benutzt man eine Abkochung von 30 Gramm auf 2 Liter Wasser, überdeckt das Gefäß mit einem gut passenden Trichter und führt den Dampf in das leidende Ohr.

Zu Kräutersäckchen bei Geschwulsten und Geschwüren gleiche Teile Malvenblüten, Kamille, Steinklee, Brennessel, und Lavendelblüten.

66. Hirtentäschel (Capsella bursa pastoris)

Hirtentäschel (Säckelkraut) wird im Aufguß bei Blutungen, Nasenbluten, Blutspeien, Schleimflüssen, Beschwerden der Harnblase gebraucht.

Bei übermäßigem Blutverlust der monatlichen Periode früh und abends einen Eßlöffel voll mit heißem Wasser gebrüht zu einer Obertasse, schafft baldigst Stillstand, auch zu gleichen Teilen mit Mistel vermischt.

67. Rittersporn

Nicht zu verwechseln mit blauen Malven, ist ein Universalmittel bei weißem Fluß. Man läßt 5 Gramm in einer Obertasse Wasser ziehen und trinkt täglich drei Tassen.

Noch besser und von großem Vorteil ist er, wenn nebenbei mit Alaun oder Lysol Ausspülungen gemacht werden, damit eine vollständige Ausheilung stattfindet.

68. Hohlzahn (Galeopsis)

Hohlzahn, Blankenheimer Tee, Liebersche Kräuter, Gesundheitskräuter, wurden vom Regierungsrat Lieber als Mittel gegen Abzehrung und Lungensucht empfohlen. Ist noch heute ein vorzügliches Mittel gegen Husten und chronischen Katarrh.

Mit Milch oder Kandis gut ausgekocht und täglich fünf- bis sechsmal eine Tasse voll genommen. Dieses Kraut sollte vielmehr dem Brust- und Leintee vorgezogen werden, da die Wirkung nie fehlschlägt.

69. Rainfarn (Tannacetum)

Der Bitterstoff(Tannacetum) hat eine wurmabtreibende Eigenschaft und wird nicht nur bei Menschen, sondern auch hauptsächlich in der Viehwirtschaft verwendet.

70. Nachtkerze

Bei Unterleibsentzündungen und Schwindsucht regelmäßig genommen, von gutem Erfolg. Eine Handvoll mit einem viertel Liter Wasser gebrüht und täglich drei Obertassen gereicht.

71. Enzian (Gentiana germanica)

Diese schöne blau blühende, auf den Gebirgen des mittleren und südlichen Europas einheimische Pflanze hat bei Verdauungsstörungen, Blähungen und Appetitlosigkeit, wenn gut gekocht, eine vortreffliche Wirkung. Auch mit Branntwein destillieren lassen und teelöffelweise genommen, nimmt baldigst die Schmerzen.

72. Lilie

Der ausgepreßte Saft frischer Blumen, mit gleichem Teil Spiritus und Wasser, etwas Glyzerin und Kölnischem Wasser vermischt, wird als ein gutes, brauchbares Mittel gegen Sommersprossen und Leberflecke angewendet.

Abends vor dem Schlafengehen werden die betreffenden Stellen betupft und die Flüssigkeit lasse man eintrocknen.

73. **Brennessel** (Urtica urens)

Eine beginnende Wassersucht kann von einer Abkochung dieser Wurzeln, täglich viermal eine Obertasse genommen, beseitigt werden. Das Kraut nimmt man bei Blutspeien, Nasenbluten und Menstrualblutungen, sowie Keuchhusten, Durchfall, Gicht, hauptsächlich bei Nesselfriesel und Hautjucken. Als Frühjahrs- und Herbstkur zur Blutreinigung sehr zu empfehlen.

74. **Erbse**

Erbsen grün mit Kraut kocht man gut aus, nimmt täglich 3—4 Tassen und wendet es gegen Appetitlosigkeit und schwachen Magen an.

75. **Rote Ackerdistel**

Gegen chronischen Katarrh und Husten von alters her bekanntes billiges Mittel. Eine Handvoll auf ein halbes Liter Milch gekocht und alle drei Stunden eine Obertasse voll trinken.

76. **Bärenwurzel** (Aethusa meum)

Anwendung: Gegen Verschleimung und Asthma, auch als Magenmittel, und bei Fieber, gut abgekocht, als Tee zu trinken.

77. **Natterwurz,** auch Wurmkraut genannt (Bistorta)

Gegen Durchfall als Pulver messerspitzenweise eingenommen, auch als Aufguß zum Gurgeln.

78. **Schwarzwurzel** (Symphytum officinal)

Gegen Husten und Heiserkeit, besonders gegen Leiden der Brustorgane, beliebtes Volksheilmittel.

79. Sanickel (Saniculu Europaer)

Besonders bei Leiden der Luftwege als Tee zu trinken. Äußerlich zu Umschlägen und Waschungen bei Quetschungen und Verletzungen.

80. Angelikawurzel (Archangelica officinullis)

Belebendes, magenstärkendes und blähungtreibendes Mittel. Mit Kornschnaps angesetzt, als gutes Verdauungsmittel sehr beliebt.

81. Dost oder Doster (Origanium vulgare)

Als Gewürz und Hustentee bei Appetitlosigkeit zu trinken.

82. Wegwart (Cichorium intybur)

Die Wurzel wirkt auflösend auf die drüsigen Organe des Unterleibes, kräftigend und anregend auf den Magen, auch die Blätter als Tee wirken schleimlösend.

83. Klettenwurzel (Loppa officinalis)

Ein gutes Blutreinigungsmittel, als Tee zu gebrauchen. Auch wird die Wurzel vielfach als Aufguß mit heißem Wasser zum Waschen des Kopfes gegen Haarausfall gebraucht.

84. Eberesche (Sorbus Aucuparia)

Die getrockneten Beeren werden als Aufguß gegen Durchfall und gegen Schleimfluß der Blase, sowie als harntreibendes Mittel verwendet.

85. Ottermanny (Agrimonia Eupatoria)

Das Kraut wird angewendet gegen Leberleiden, Gelbsucht und Lungenleiden.

Äußerlich als Aufguß zum Gurgeln bei entzündeten Zuständen des Halses.

86. Brombeeren (Rubus fructicosus)

Beliebtes Volksheilmittel bei Husten usw.

87. Hanf (Cannabis satira)

Als Aufguß wird er als harntreibendes Mittel benutzt.

88. Eisenkraut (Verbena officinalis)

Ein altes Volksmittel, wird als Tee bei Kopfschmerz, Migräne und Schwächezuständen mit Pfefferminztee vermischt getrunken.

89. Katzenkraut (Marum verum)

Galt früher als ein reizendes, die Verdauung kräftigendes, krampfwidriges, schweißtreibendes Mittel, besonders wirksam bei nervösen Schwächezuständen, Schlafsucht, Vergeßlichkeit, dann als Schnupfmittel bei Stockschnupfen und Kopfschmerz. Dient auch als Witterung für Füchse, Marder usw.

90. Benediktenkraut (Cnicus benedictus)

Wird gebraucht bei chronischen Leberleiden, Hypochondrie, Hysterie, Magenbeschwerden und Wechselfieber.

Als Aufguß 5 Gramm auf 2 Tassen Tee. Größere Gaben bewirken Übelkeit.

91. **Bitterklee** (Mengan Rec frifoliata)

Der Fieberklee gehört zu den wilden, bitteren, tonischen, magenstärkenden Kräutern, welcher im Aufguß gebraucht wird.

92. **Vogelknöterich** (Polyonum avicularis)

Als gutes, schleimlösendes Mittel bei Husten, Ersatz für Brusttee.

93. **Leberkraut** (Anemona Hepatioa)

Das Leberkraut ist ein wildes Adstringens und wurde früher wegen der Ähnlichkeit der Blätter mit Leber als Mittel bei Leberkrankheiten angewendet. Wird auch als Waschmittel und gegen Sommersprossen gebraucht.

II. Abteilung

Giftige Pflanzen

Bemerke im voraus, daß diese Medikamente der nachstehenden Pflanzen nur auf ärztliche Verordnung und durchaus nicht nach eigenen Ansichten angewandt werden dürfen. Ich habe diese Pflanzen nur angefügt, damit das Publikum besser mit diesen bekannt und einer Verwechslung vorgebeugt wird.

94. **Blauer Sturmhut** (Aconitum napellus)

Die Blätter und Knollen desselben sind, trotz seines Giftes, ein viel angewandtes und gut wirkendes Medikament; wird hauptsächlich als Auszug, mit Wasser stark verdünnt, bei Neuralgie infolge von Erkältung, bei Gicht, Rheumatismus und Fieber angewandt.

95. Goldregen

Kommt sehr häufig als Baum und Strauch vor. Der Samen ist sehr giftig und sind hauptsächlich die Kinder auf seine starke Wirkung vor dem Genuß zu warnen.

96. Schwarzer Nachtschatten

Wie alle Nachtschattengewächse, so ist auch diese Pflanze, ganz besonders die Beeren, stark giftig und jedermann auf die Folgen des Genusses aufmerksam zu machen.

97. Haselwurz

Obgleich diese Pflanze nicht direkt zu den giftigen gehört, so ist doch Vorsicht geboten, da ein Aufguß der Wurzel Brechen erregt und ekelhaft bitter schmeckt. Häufig als Bestandteil des Nießpulvers gebraucht. Wird von den Ärzten nicht mehr verordnet und findet nur in der Tierarzneikunde Verwendung. In Rußland setzt man die Tinktur dem Branntwein zu, um den Säufern das Trinken zu vertreiben.

98. Wasserschierling

Wasserschierling gehört zu den stark narkotischen Gewächsen. Darf nur in ganz kleinen Dosen als schmerzlinderndes und krampfstillendes Mittel angewandt werden. In starken Gaben wirkt es tödlich.

99. Gefleckter Schierling (Conium maculata)

Ist ein stark wirkendes Gift und kann nur von Ärzten verordnet werden.

Wird gegen schmerzhafte Gonorrhöe, Krampfhusten, Keuchhusten, Asthma und Neuralgie verwendet.

100. Roter Fingerhut (Digitalis purpurea)

Fingerhut ist ein Narkotikum, mindert den Blutumlauf, daher die Pulsfrequenz und Körperwärme. Auch bei Herzleiden, Erweiterung des Herzens, Blutungen von Erfolg.

Sehr giftig, daher größte Vorsicht beim Gebrauch und nur auf ärztliche Verordnung.

101. Küchenschelle (Pulstilla)

Geschmack der Pfanze ist brennend scharf, etwas bitter. Beim Trocknen geht die Schärfe verloren. Küchenschelle wird bei Lähmungen des Sehorgans, Schwindel und Melancholie verwendet.

102. Herbstzeitlose (Colchicum)

Auch Wiesensafran, wird gegen Rheumatismus, Gicht, hauptsächlich nur in Frankreich und Belgien verordnet. (Vorsicht beim Sammeln!)

103. Tollkirsche (Belladonna)

Wird innerlich und äußerlich bei Nervenkrankheit, Epilepsie der Harnorgane, Nierenkolik, auch bei Augenkrankheiten empfohlen.

104. Stechapfel (Strammonium)

Stechapfelblätter enthalten ein sehr giftiges Alkaloid (Daturin).

Der Dampf der verglimmenden Blätter wird eingeatmet bei Neurosen der Luftwege, auch werden Zigarren und Zigaretten durch Vermischung mit Stechapfelkraut zum Rauchen gegen Asthma als gutes Mittel angewandt.

105. Bilsenkraut (Hyoscyamus)

Die Blätter werden im Juni gesammelt. Mit Olivenöl gekocht wird es als Einreibung gegen Rheumatismus und Gicht empfohlen und sehr häufig mit gutem Erfolg angewendet.

106. Kellerhals

Die Rinde muß im Frühjahr vor dem Blühen gesammelt werden. Wird bei veralteten, syphilitischen Knochen- und Hautleiden und gichtigen Schmerzen der Gelenke gebraucht. Äußerlich wirkt die mit Essig ausgezogene Rinde blasenbildend.

107. Hundspetersilie

Wird im Arzneischatz nicht mehr verwendet und auch in der Tierarzneikunde nur sehr selten als wassertreibendes Mittel.

108. Einbeere

Vierblättrige Einbeere wächst in feuchten Wäldern zerstreut, ist wegen ihres schönen Aussehens eine sehr hübsche Pflanze und wird gern gesammelt.

Giftig und für Kinder gefährlich.

109. Schellkraut (Chelidonium-majus)

Schellkraut, Schöllkraut, hat einen scharfen, bitteren safrangelben Milchsaft, welcher heftig purgierend und harntreibend wirkt.

110. **Alpenveilchen** (Ciclamen)

Eigentlich nicht zu den giftigen Pflanzen zu rechnen; hier und da werden die Blätter mit Honig gekocht, gegen Husten, Verschleimung und Atemnot, täglich dreimal genommen.

———

Außerdem folgen hier noch einige gut bewährte Hausmittel, welche ich teilweise ohne Abbildung noch beifüge:

Attichwurzel	Hafermehl, präpariertes
Angelika	Haferkakao
Arserinetee	Heidelbeere
Bitterklee	Hermannstee
Birkenteer	Heusamen
Eibischsalbe	Johanniswurzel
Fliedertee	Isländisch Moos
Knöterich	

Kratzbeerlaub, auch Brombeerlaub, kann sehr leicht gesammelt werden und gibt mit Lindenblüten, Sennesblättern, Faulbaumrinde, Schlehenblüten und Sassafras vermischt ein allgemein gegen Unwohlsein beliebtes Hausmittel.

Die Birke als Heilmittel

Dieser zierliche, schlanke Baum mit der milchweißen Rinde ist nicht nur wegen seines Holzes nützlich, sondern auch durch seine Blätter, Knospen und Säfte, die als Hausmittel schon von unseren Voreltern geschätzt wurden und gegen verschiedene Leiden und Beschwerden Anwendung fanden. Der frische Saft der Birke wird bei den sogenannten Frühlingskuren als blutreinigendes Mittel zur Verbesserung der Säfte und des Blutes angewandt. Ferner wird er auch gebraucht bei Flechten und anderen chronischen Hautausschlägen, um Stockungen im Unterleib, Blasen- und Nierensteine, Gicht und Hämorrhoidalbeschwerden zu beseitigen. Den frischen Saft erhält man durch Anbohren des Baumes im Frühjahr. In das Loch steckt man eine Federspule. Die Löcher sind aber mit einem Pflöckchen zu verschließen, damit der Baum sich nicht totblutet. Neben dieser Kur muß der Kranke sich viel Bewegung schaffen, diät leben und täglich 1 bis 2 Liter frisches Wasser trinken, wodurch sich gelindes Abführen einstellt. Spirituose Getränke sind jedoch während der Kur zu vermeiden. Um Birkensaft, der sich nicht lange hält, haltbar zu machen, ist es notwendig, daß man ihn in enghalsige Gläser füllt und etwa fingerdick Öl darauf gießt. Aus dem abgezapften Saft läßt sich auch ein wohlschmeckender, gesunder Wein bereiten. — Die Blätter geben als Teeaufguß ein außerordentlich wirksames Mittel bei rheumatischen und gichtigen und ähnlichen Beschwerden, ferner bei Bauchwassersucht, Flechten und chronischen Hautausschlägen. Zur Herstellung eines solchen Tees nimmt man eine Handvoll zerschnittene Blätter, übergießt dieselben mit einem Liter kochenden Wasser und läßt das Ganze etwa zehn Minuten lang ziehen. Hiervon trinkt man täglich mehrmals eine Tasse voll. Umhüllungen des ganzen Körpers oder einzelner Teile desselben mit frischem, nicht betautem Laub dienen als schweißtreibendes Mittel. Durch Birkenfußbäder ruft man vertriebenen Fußschweiß wieder hervor. Man erhitze Birkenlaub in einem Gefäß über Kohlen, tue es in ein Säckchen und stecke die Füße hinein, während man dabei im Bette liegt. Die Landleute in Schweden und Finnland legen die feine weiße Oberhaut der Rinde unter ihre Fußsohlen, so daß die weiße Seite nach außen kommt, den zurückgetretenen Fußschweiß wieder zu erzeugen. Bei Wassersucht, Gicht, Rheumatismus bedient man sich auch ganzer Birkenbäder, indem sich der entkleidete Kranke auf eine dicke Schicht frisches Birkenlaub legt und dann mit solchem bedeckt wird. Auch folgendes Verfahren bei Rheumatismus und Gicht ist gut: Der leidende Teil wird in einen mit grünen, aber von Nässe freien Birkenblättern mäßig angefüllten Sack gesteckt. Es entsteht danach eine fast unleidige Hitze und starker Schweiß. Oft tritt schon nach der ersten Anwendung des Mittels eine bedeutende Besserung ein, und Lähmungen und Steifheit sollen dadurch beseitigt werden.

III. Abteilung

Pilze

Ich habe diese Abteilung ebenfalls in „Nichtgiftige" und „Giftige" aufgeführt, und wollen meine geehrten Kunden sich vor dem Genuß der Pilze genau informieren, ob diese zu den eßbaren gehören.

Wie die schönsten Pflanzen, so gehören auch die schönsten Pilze zu den „Giftigen".

Eine nähere Beschreibung dieser Abteilung ist nicht nötig, und auch wegen des beengten Raumes nicht geboten, da nach der bunten, naturgetreuen Ausführung eine Verwechslung ausgeschlossen ist.

IV. Abteilung

Appetitlosigkeit

Gegen Appetitlosigkeit mit Blähungen bei Kindern ist folgende Medizin empfehlenswert: Doppeltkohlensaures Natron 3,0 — gepulverter Zucker 3,0 — aromatischer Ammoniakspiritus 20 Tropfen — Pfefferminzwasser 120,0. Hiervon ist nach jeder Mahlzeit ein Kinderlöffel voll zu verabfolgen.

Alpdrücken

Gegen Alpdrücken leistet folgendes Mittel gute Dienste: Man mische 45 Gramm kohlensaure Magnesia, 12 Gramm Rhabarber-Pulver, 8 Gramm kohlensaures Natron, 2 Gramm Syrup und 6 Gramm Pfefferminzwasser und nehme diese Mischung morgens zu sich.

Gegen kurzen Atem

Mische Huflattich, Fenchel und Löwenzahn untereinander und genieße einige Zeit diesen Tee. Vor Schlafengehen einen Eßlöffel gestoßenen Zucker in den Mund nehmen.

Wohlriechenden Atem zu verschaffen

Die wilde Schwertel gekauft, macht nicht allein einen wohlriechenden Atem, sondern nimmt auch alle Schmerzen der Zähne gleichsam im Augenblick hinweg.

Sicheres Mittel gegen das Aufspringen der Hände

Man lasse in einem steinernen Gefäße 10 Gramm weißes Wachs, 20 Gramm Wallrath und 10 Gramm süßes Mandelöl bei gelindem Feuer schmelzen. Alsdann nimmt man das Gefäß vom Ofen ab und rührt es stark untereinander, bis es anfängt kalt zu werden. Während des Rührens mischt man tropfenweise 5 Gramm Rosenwasser hinzu. Es entsteht hiervon eine Pomade, mit der man des Abends nach dem Waschen Gesicht und Hände überstreichen und des Morgens sie erst mit einem trockenen, dann mit einem mit warmen Wasser angefeuchteten Tuch wieder abreiben kann.

Mittel gegen das Aufspringen der Haut und Lippen

Dieses entsteht von der Trockenheit der Haut, seltener von einer Schärfe. Im letzten Fall helfen blutreinigende, im ersten Fall lindernde und erweichende Mittel, namentlich: Waschen mit Milch, die mit Kamillen gesotten werden kann, mit Absud von Quittenkernen, von Eibischwurzel, Einreiben mit Mandelöl, Kakaobutter und jedem reinen Fett.

Flimmern der Augen

ist eine häufige Klage nervöser Personen und beruht entweder auf Überanstrengung der Augen, z. B. durch Lesen im Halbdunkeln oder Blutandrang zu den Augen und dem Kopfe, wie er durch reichlichen Alkoholgenuß zustande kommt. Schonung der Augen und Ruhe und Kräftigung des ganzen Körpers sind die besten Mittel zur Abhilfe. Oftmals wirken kühle Aufschläge mit reinem Wasser aufs Gesicht und in den Nacken gut.

Gegen schwache Augen

Man nimmt 40 Gramm Rosmarinblätter, schüttet darauf ½ Liter Kornbranntwein, läßt es auf einem warmen Ofen destillieren und befeuchtet damit die Augenlider zweimal des Tages äußerlich; oder man nehme Franzbranntwein und Regen- oder Flußwasser zu gleichen

Teilen und wasche damit die Augen des Tages mehreremal, oder nässe feine weiße Baumwolle mit Rosenwasser an, lege sie nachts über die Augen und fahre damit fort, bis Besserung erfolgt.

Gegen Blutstreifen in den Augen

Binde ein Stück rohes, noch warmes Kalbfleisch auf die Augen, so verschwinden die Blutstreifen. Ein uraltes Hausmittel.

Gegen entzündete Augen

Man nehme 10—12 Quittenkerne und 100 Gramm Wasser, davon mache man durch anhaltendes bloßes Schütteln einen Schleim, welcher alsdann durch ein leinenes Läppchen gepreßt wird, und benetze ein Läppchen und lege es kompreß auf das Auge. Danach wird schnelle Besserung erfolgen.

Augen, wenn jemandem etwas hineingefallen, solches geschwind wieder herauszubringen

Nimm ein Stück der kleinsten Krebsaugen, so du haben kannst, oder ein Perlchen, tue es in das Auge und streiche solches mit einem Finger in den Augenlidern herum, daß der Stein oder die Perle mit umlaufen, so bringst du alles ohne Schaden heraus.

Augenbeschwerden, allen vorzubeugen

Kein bewährteres Kraut ist für die Augen, als Schwalbenkraut, welches man über Nacht auf die Augen bindet.

Gegen tränende Augen

gebraucht man ein stärkendes Mittel, welches die Schwäche des Auges beseitigt. Empfehlenswert ist die Anwendung von Augentrosttinktur, 15—20 Tropfen in ein kleines Glas Wasser, und öfteres Waschen und Befeuchten des Auges mit dieser Lösung.

Für Ausschläge im Gesicht, wo Reinigung und Aderlassen keine Wirkung tut

Kreuztee und Blutkraut zu Tee gekocht, mit Tafelöl vermischt und die bösen Stellen damit bestrichen.

Asthma oder Engbrüstigkeit

Einen ausgehöhlten Rettich füllt man mit gestoßenem, braunen Zucker-Kandis, den davon ausgezogenen Saft trinkt man morgens und abends; man kann auch den Rettich in Scheiben schneiden und wie man ihn sonst mit Salz bestreut, diesen Kandis anwenden, auf welche Weise man ebenfalls den Saft erhält.

Die Eigenschaften und Heilkräfte des Krautes Wegquarten

Die Wurzel hilft den Engbrüstigen zu leichtem Atem, wenn man sie auf der Brust trägt und ist gut für den Fluß des melancholischen Geblütes.

Blutreinigung

Sechs Hände voll weißen Hafer, eine Handvoll Wegwartwurzel und ein halbes Lot gereinigter Salpeter werden zusammen gemischt, mit 8 Liter frischem Brunnenwasser bis auf die Hälfte eingekocht, einigemal durch ein Tuch geseiht, damit es rein wird, und davon morgens und abends 3—4 Tassen getrunken.

Blutreinigungstee:

50 %		Heidekraut
50 %	zu gleichen Teilen	Petersilie Brennesselwurzel Tormentil mit Wurzel Taubnessel mit Blüte Tausendgüldenkraut mit Blüte
100 %		

Ferner Prisen von 5%, Wacholderbeeren, 5% Faulbaumrinde und 2% Baldrian.

Zum Beimischen empfohlen: Erdbeer-, Himbeer- und Brombeerblätter, wildes Stiefmütterchen, Schlehdornblüten und Queckenwurzel.

Sicheres Mittel gegen den Bandwurm

Man setze 10 Gramm Granatwurzelrinde mit 1 Liter Wasser an und läßt dieses bis zur Hälfte einkochen. Am Abend vor der Kur genieße man Heringssalat und vor dem Schlafengehen eine Tasse Milch mit Zwiebel abgekocht. Am nächsten Morgen genieße man eine Tasse schwarzen, kalten, süßen Kaffee. 1 Stunde darauf genieße man die Hälfte der Granatwurzelabkochung und wenige Minuten danach haben 2 Eßlöffel Rhizinusöl zu folgen und nach Verlauf einer halben Stunde trinke man den Rest der Abkochung und unmittelbar darauf noch einen Eßlöffel Rhizinusöl. Um ganz sicher zu gehen, empfiehlt es sich, wenn der Wurm anfängt, sich zu bewegen, noch einen weiteren Löffel Rhizinusöl zu nehmen.

Bei eintretendem Stuhlgang achte man darauf, daß sich im Behälter der Körperwärme angepaßtes Wasser befindet, damit der Wurm nicht erschrickt und ruhig aus dem Leib auswandert. Jede Bewegung auf dem Stuhl ist während des Abganges des Wurmes streng zu vermeiden.

Bauchgeschwulst

Storchschnabel, klein geschnitten, mit etwas gewöhnlichem Salz vermengt und auf die Fußsohlen gebunden; dabei Oleum Junin gebraucht, treibt das Wasser durch Schweiß und Urin ab.

Die Heilung eines Beinbruchs zu fördern

Dies geschieht, wenn der Schaden öfters mit Knochenöl eingerieben wird.

Gegen geschwollene Beine

Schlage um die leidenden Körperteile leinene Tücher, welche mit deinem Urine benetzt sind.

Gegen Frostballen

Wasche die Frostballen wiederholt mit deinem Urine, so wird sich das Jucken und Brennen an denselben allmählich verlieren.

Bettpissen

Zinnkraut gekocht und das Wasser getrunken, hilft bestimmt.

Gegen Milzbrand und schwarze Blattern

Mache Umschläge von frischem Kuhmist, mit frischer Milch gemischt und wiederhole dieselben öfters, so heilst du dieses sonst leicht tödliche Übel ganz leicht und sicher.

Vertreibung der Bleichsucht bei jungen Frauen

Nimm morgens nüchtern zwei Eßlöffel voll schwarzen Rettichsaft ein und fahre damit fort, bis Besserung erfolgt.

Mittel, blaue Mäler und abgeschundene Haut im Gesicht, welche von Stoßen oder Schlagen herrühren, bald zu vertreiben

Man gieße ¼ Liter Rosenwasser in eine Schüssel, tue das Weiße von einem Ei dazu, nehme ein Stückchen Alaun zwischen die Finger und schlage damit das Eiweiß in dem Rosenwasser immer hin und her, bis es sich ganz mit dem Wasser vereinigt hat. Alsdann taucht man ein Stück weiße Leinewand darein, legt es auf den wunden Ort, feuchtet sie an, so oft sie trocken wird. Das Blaue eines solchen Mals wird in der Zeit von 2—3 Stunden herausgezogen und die Haut heilt sehr schnell.

Blutspeien

Trinke fünf Tage hintereinander Tee von Weidenrinden und hierauf jeden Abend eine Tasse Johannistee.

Blutsturz

Nimm eine Muskatnuß, röste sie auf Wachskerzen, sodann gegessen. Uraltes Hausmittel.

Blutharnen

Ungefähr sechs Knoblauchköpfe in Wasser gesotten und dasselbe warm getrunken. Brennesselsaft, löffelweise eingenommen. Ringelblumen in Wein gesotten und denselben getrunken.

Brandwunden

Wenn man sich gebrannt hat, nur Zwiebel voneinander geschnitten und darauf gelegt, wenn es kaum vorher geschehen, ist vortrefflich; wenn sich aber die Haut schon vorher abgeschält hat, schmerzt es sehr. Zart geriebene Zwiebel mit Eier-Dotter und Leinöl zu einem Sälblein gemacht und übergelegt.

Das Gelbe von 3 Hühnereiern, 60 Gramm gelbes Wachs und 4—5 Löffel vom Baumöl über einer Glut zu einem Sälblein zusammengerührt und mit einem leinenen Tüchlein oder grauem Fließ täglich zweimal übergelegt.

Wer sich mit heißem Wasser gebrannt hat, lege nur rohe, gequetschte Kartoffeln darauf. Leinöl und Salz zusammen vermischt und gesotten, hernach die Beschädigung damit bestrichen.

Gegen Brandschäden

Man reibe frische Kartoffeln ganz klar, vermische dieselben mit gestoßener Kreide und Leinöl und bereite hiervon einen Brei, welchen man auf die beschädigte Stelle legt. Fährt man mit diesen Umschlägen fleißig fort, so kann man sich eine baldige Genesung versprechen, die Verletzung mag durch feste oder flüssige brennbare Dinge entstanden sein.

Oder:

Ebenso und fast schneller und sicherer wird die Herstellung und Heilung durch schleuniges Auflegen auf die Brandstelle von Baumwolle oder trockenem Roggenmehl bewirkt; man läßt beides bis zur gänzlichen Heilung darauf liegen.

Oder:

Stecke das verbrannte Glied gleich in kaltes Wasser und reibe es eine Zeitlang damit, so bleibt der Brand ohne alle nachteiligen Folgen.

Bruchschaden zu heilen

Dachsfett, Beermutterschmalz und Durchwachsöl zu einer Salbe gemacht, den Schaden täglich einmal eingerieben, sowie jeden Tag eine Tasse Tee von dem sogenannten Katzenkraut (in jeder Apotheke erhältlich) getrunken, zieht den Bruch nach und nach zurück.

Rasche Hilfe gegen Bräune

Man erhitze schnell etwas Wasser über einer Spirituslampe, tauche einen Streifen Flanell hinein, wickle ihn fest um die Brust des Kindes. Dann lege man gekochte Zwiebeln in heißem Zustande auf die Fußsohlen und gebe endlich wenige Tropfen Syrup, so daß das Kind die Krankheitsstoffe ausbricht. Innerhalb einer halben Stunde ist das Kind ganz gesund. Falls jedoch das Kind einen schweren Anfall hat, so gebe man auch einen Teelöffel voll Alaun und Zucker zu gleichen Teilen vermischt, und es endet alle Not.

Für engen, kurzen Atem und Brustbeklemmung

Morgens nüchtern frisches Wasser trinken von der Brunnenquelle weg, abends ein Fußwasser mit Heublumen vermischt nehmen und darauf ein oder zwei Tassen Tee vom wilden Hühnerdarmkraut trinken, aber kaum vor dem Schlafengehen.

Brust- oder Brustfellentzündung

Die erste Erscheinung der Brustfellentzündung ist gewöhnlich ein mehr oder minder heftiger Schmerz in der Gegend der Brustwarze, welcher durch die Brust hindurchzugehen scheint; oft erreicht er einen hohen Grad, daß die Kranken nicht imstande sind, tief einzuatmen, wodurch der Atem kurz oder oberflächlich oder mitten in der Einatmung unterbrochen wird; dadurch leiden die

Kranken an Atemnot, die um so bedeutender ist, je heftiger der Schmerz. Dieser wird durch Husten, Niesen, sowie schnelle Lagerveränderung außerordentlich gesteigert. Die Behandlung der Brustfellentzündung richtet sich nach dem Grade der Heftigkeit, bei heftigen Schmerzen sind örtliche Blutentziehungen durch Schröpfköpfe zu bewirken, sowie trockene, heiße Umschläge anzuwenden. Der Kranke hat eine strenge Diät einzuhalten. Man reiche dem Kranken kühlende Getränke.

Brustkrampf

Morgens und abends einen schwachen Kaffeelöffel voll gestoßenem, gelben Senf in Fleischbrühe oder Tee eingenommen und ein wenig Brot darauf gegessen. Oder: wer den ganzen Samen vorzieht, nehme morgens eine Stunde vor dem Frühstück, eine Stunde vor dem Mittagessen und beim Schlafengehen jedesmal einen Kaffeelöffel voll weißen, gemahlenen Senfsamen. Der weiße Senfsamen ist überhaupt ein unschätzbares Hausmittel und entfernt viele Leiden.

Brustgeschwüre

Die Knospen von der Johannisstaude, ehe sie ganz zu Blätter werden, dienen als Heilmittel gegen hitzige Blutgeschwüre, wenn man sie zerhackt und mit gewässerter Butter zu einer Salbe macht.

Sicherstes Mittel gegen die Cholera

Für 50 Pfennige Rosmarinblätter in ¼ Liter Milch ½ Viertelstunde lang abgesotten und dem an der Cholera Erkrankten so heiß als möglich ganz zu trinken gegeben.

Dieses Mittel ist so ausgezeichnet und unfehlbar, daß in Städten, wo Tausende durch diese schreckliche Krankheit vom Tode hinweggerafft werden, derjenige, welcher diesen Tee sogleich beim Erscheinen des ersten Choleraanfalles heiß trinkt, gewöhnlich schon in einigen Stunden sich wieder ganz wohl befindet.

Dasselbe ist ebenso erprobt gegen alle Arten von Ruhranfällen.

Einfaches Mittel gegen Diarrhöe

Mische eine Messerspitze fein geriebene Muskatnuß unter ein rohes Ei und trinke es, so ist dir geholfen.

Hartnäckige Durchfälle

sollen durch den ausschließlichen Genuß von Bohnenmehlbrei geheilt werden, besonders wo lebhafte Reizung der Darmschleimhaut mit Schwäche verbunden ist.

Verhärtete Halsdrüsen

Man nehme 200 Gramm Ochsengalle, 10. Gramm Nußöl und 20 Gramm Salz. Alles dieses wird zusammen 36 Stunden lang bei Ofenwärme digeriert und in einem Glasmörser 2 Stunden lang gerieben. Zweimal täglich wird dieses, nachdem die Geschwulst vorher mit Flanell sanft gerieben worden ist, mit Hanfwerg aufgelegt. Es zerteilt bei fortgesetztem Gebrauche nicht nur die Geschwulst und Halsdrüsen, sondern zuweilen auch wohl die Kniegeschwülste.

Diphtheritis

Die Diphtheritis ist eine bösartige Entzündung gewisser Schleimhautpartien. (Die krahken Schleimhautstellen werden mit einer gelbbraunen Masse wie mit einer Haut überzogen, die Schleimhaut ist in verschiedenem Grade geschwollen.) Der Beginn der Krankheit ist gewöhnlich mit scheinbar unbedeutenden Symptomen verbunden, die Kranken fühlen sich unwohl, matt und abgespannt, sind appetitlos und frösteln leicht, dabei klagen sie über Schlingbeschwerden, welche anfangs weniger kräftig; untersucht man die Schleimhaut des Rachens und des Gaumens, so findet man sie stark gerötet, mit weißgrauen Flecken vor; entdeckt man noch dazu am Hals angeschwollene Lymphdrüsen, so ist dies ein schlimmes Zeichen, daß eine schwere und gefährliche Krankheit im Anzuge ist. Daß der Kranke da nicht ohne ärztliche Behandlung bleiben kann, läßt sich denken. Wir können uns nur darauf beschränken, ehe der Arzt eingreifen kann, folgende Verhaltungsmaßregeln zu geben: Sobald die oben geschilderten Zufälle eintreten, nehme man einen, wenn möglich silbernen Löffel, drückt mit dem Stiel die Zunge des Kranken hernieder und läßt ihn den Laut „a" aussprechen; dadurch kann man die Mundhöhle vollkommen überblicken. Zeigt sich nun die Gegend um den Zapfen bloß entzündet, so genügt von Zeit zu Zeit eine Gurgelung mit kaltem Wasser, um die Entzündung nicht weiter um sich greifen zu lassen. Haben sich aber am Zapfen schon weiße Bläschen gebildet, so muß zum Pinseln gegriffen werden. Man tauche einen Pinsel, welcher an einem Draht befestigt ist, in reinen Zitronensaft und führe denselben solange gegen die Blasen, bis dieselben vollkommen zerstört sind; diese Prozedur muß alle 10 Minuten wiederholt und der Pinsel, an dem sich ganze Fetzen der zerstörten Gewebe ansetzen, nach gemachtem Gebrauche sorgfältig in Spiritus gereinigt und dann mit klarem Wasser abgespült werden. Die Diphtheritis ist im höchsten Grade ansteckungsfähig, deshalb ist die peinlichste Reinlichkeit vonnöten. Man halte alle Personen, die nicht zur Verpflegung nötig sind, von dem Kranken fern; man öffne die Fenster und sorge für reine, nicht zu warme Luft.

Ein gutes, selbsterprobtes Mittel gegen Diphtheritis

ist folgendes: Von einen Salzhering wird die ungewässerte Milch zur Hälfte verschluckt und die andere Hälfte nach 5 oder 10 Minuten genommen, nachdem man diese mit 5—6 Tropfen französischem Terpentin getränkt hat. Dies löst die Bazillen und bringt sie zum Auswurf; nachher gurgelt man mit Kalkwasser und die Krankheit ist in kurzer Zeit behoben.

Mittel, das Einschlafen zu fördern

Es gibt kein leichteres und sicheres Mittel, als sich die Stirne mit der flachen Hand zu reiben. Erfolgt die Müdigkeit nicht sogleich, so fährt man einige Zeit mit dem Reiben fort. Dieses Mittel ist nicht nur sehr erfolgreich, sondern verhindert auch den zu diesem Behufe angewendeten schädlichen Gebrauch betäubender Mittel, wie z. B. des Branntweins, des Opiums und dergleichen.

Erbrechen

Sobald ein Kind, das plötzlich erkrankt, sehr rot und erhitzt aussieht, großen Durst hat und sich erbricht, besonders wenn es engbrüstig und verstopft ist, dann darf man ihm keinen Kamillentee geben, sondern bloß abgekochtes, wieder kalt gewordenes Wasser, mit Sauerhonig vermischt. (Der Sauerhonig besteht aus 2 Teilen Honig und 1 Teil Essig.)

Hysterischen Frauen, die oft ohne Veranlassung mehrere Tage lang an Erbrechen, Brustbeengung und

Magenkrämpfen leiden, sagt kein Mittel besser zu, als eine Tasse Baldriantee. — Man übergießt 7 Gramm von dem kleingeschnittenen Kraut mit ½ Liter kochendem Wasser (je heißer, desto besser) und läßt ihn in einem gut zugedeckten Gefäß eine halbe Stunde auf einer warmen Stelle stehen. Hierauf trinke man morgens früh und gegen Abend eine Tasse, wenn er etwas abgekühlt ist.

Wer sehr verschleimt ist, an Magensäure leidet und wegen schlechter Verdauung zum Aufstoßen und Erbrechen, besonders beim Fahren, geneigt ist, trinke täglich eine Tasse Pfefferminztee. (5 Gramm, höchstens 7 Gramm des zerschnittenen Pfefferminzkrautes mit zwei Tassen kochendem Wasser übergossen, wie den Baldriantee behandelt und ganz lau getrunken.)

Allen und jeden Tee, welchen man absiedet, sollte man nicht länger als eine Stunde an den Blumen, Kräutern oder Wurzeln stehen lassen, sondern abgießen.

Englische Krankheit

Für 50 Pfg. Wacholderbeere, für 50 Pfg. Kümmelkörner, für 50 Pfg. venitianische Seife, ¼ Stückchen Butter und für 50 Pfg. Rum zu einer Salbe gemacht und den ganzen Körper und die Beine damit täglich zweimal eingerieben.

Eichenrindentee

ist leider den meisten Leuten ganz unbekannt und wäre doch für viele Tausende ein herrliches Hausmittel.

Recht schwächliche Naturen sollen jeden Morgen und Abend 2—3 Löffel voll Eichenrindentee trinken; widersteht nicht, macht leicht und behaglich. Er wirkt noch besser, wenn etwas Honig beigemischt, selbst damit gesotten wird.

Epilepsie

Wilde Baldrianwurzel ausgegraben, bevor sie Stengel bekommt, gepulvert, das Pulver in einem halben Löffel voll Wein, Wasser, Milch usw. ein- oder zweimal oder nach Beschaffenheit des Alters eingenommen, befreit von dieser Krankheit.

Unfehlbares Mittel gegen Epilepsie und Kolik

Die Wurzel und das Kraut des Beifußes als Tee getrunken, ist ein unfehlbares Mittel gegen die Epilepsie und Kolik. Gegen letztere dient schnell und schmerzstillend die getrocknete Zwiebel der Wiesenzeitlose, welche auf einem Reibeisen zu Pulver zerrieben und ein Teelöffel voll in ein Glas Branntwein eingenommen wird. — Folgende Latwerge hat sich gegen Epilepsie, Kolik, Ruhr und Kriebelkrankheit sehr kräftig bewährt: Baldrianwurzel, Kalmuswurzel und Borax, von jedem 10 Gramm, Kampfer 5 Gramm und Holunderlatwerge 1 Pfund. Sämtliche Spezies müssen fein pulverisiert sein, ehe sie in die Latwerge kommen. Man lasse das Ganze am besten in einer Apotheke anfertigen und nehme alle zwei Stunden zwei Eßlöffel voll.

Für die Engbrüstigkeit mit der Goldader verbunden

Morgens und abends recht kaltes, frisches Brunnenwasser trinken und dann ein Fußwasser mit Heublumen vermischt gebrauchen, endlich zwei Tassen vom Schafgarbenkraut trinken und sich dann gleich ins Bett legen; wenn darauf Schweiße erfolgen, ist es für den Patienten sehr vorteilhaft.

Erfrorene Glieder

Wenn die Füße erfroren oder jemand sonst erfrorene Glieder hat, der soll Terpentinöl mit Salz vermischen und gut durcheinander rühren, daß es ein Teig wird und diesen hernach etliche Tage lang nacheinander, täglich zweimal, über die erfrorenen Stellen legen, es hilft gewiß.

Gegen Erfrieren von Gliedern

Es ist immer ratsam, erfrorene Glieder anfangs in kaltes Wasser zu stecken oder mit Schnee zu reiben; nach einer Weile trockne man das kranke Glied sorgfältig ab und schütze es vor Einwirkung der Luft durch wollene oder leinene Umhüllung, welche aber nicht zu wärmen ist. Später reibe man das kranke Glied mit Flanell und dann mit Branntwein.

Erkältung

Unmittelbar nach einer sich zugezogenen Erkältung wirkt Punsch oder chinesischer Tee mit einem kleinen Zusatz von Rum am besten. Hat man sich bei feuchter, kalter Witterung katarrhalische Beschwerden, wie Halsweh, Schnupfen, Husten usw. zugezogen, so trinkt man einige Tassen recht warmen Holunderblütentee.

Entzündung des Gehirns

Gehirnentzündung gibt sich zu erkennen durch Kopfschmerz, Schlaflosigkeit oder Schwindel, Neigung zum Erbrechen; zuletzt wird der Kranke apathisch, die physischen Funktionen sind vollständig aufgehoben. Es tritt Schlafsucht und völlige Bewußtlosigkeit ein. Die Behandlung der Gehirnentzündung ohne Arzt ist nicht gut möglich. Zu Anfang der Krankheit mache man kalte Umschläge über den Schädel, sowie Anwendung von Blutegeln. Der Kranke hat ruhig im Bett zu liegen, das Zimmer soll kühl sein, zu vieles und namentlich erhitzendes Getränk ist zu vermeiden. Die Kost sei knapp, reizlos und leicht verdaulich; der Stuhlgang muß sorgfältig reguliert, im Notfalle durch Klistiere oder leichte Abführmittel befördert werden.

Erschrecken

Nach einem Schreck trinke man gesottene Milch so warm als man sie trinken kann. — Oder Zuckerwasser gleich nach dem Erschrecken getrunken, dämpft die dadurch erregte Galle und führt sie ab. — Wenn man im Schlaf erschrocken ist, so trinke man Wegwartwasser.

Fieber

Von dem unschätzbaren Kraut Schafgarbe, das an Äckern und Gräben wächst, bricht man 9 ganze, ungefähr fingerlange Sprößchen, zerschneidet sie und nimmt sie in einem Löffel voll Brühe oder Suppe ein. Den zweiten Tag nimmt man 8 Sprößchen, den dritten Tag 7, und so nimmt man jeden Tag, bis neun Tage herum sind, eins weniger, so daß man am neunten Tage bloß noch eins zu nehmen hat. — Zu beachten ist dabei, daß man keinen Tag aussetzt, es jeden Tag frisch bricht oder brechen läßt, und es ja nicht wäscht; auch soll man nach einem Regen zuvor warten, bis es wieder abgetrocknet ist. Ob man es früh nüchtern oder mittags einnimmt, ist gleichviel. Man darf aber mit Zuversicht Hilfe davon erwarten.

Pfirsichkerne in scharfen Weinessig über Nacht gelegt und den ersten Tag 3, den zweiten Tag 5 und den dritten Tag 7 davon nüchtern gegessen, hat schon vielen geholfen. — Es versteht sich von selbst, daß man die harte Schale mit einem Hammer zuvor öffnet und nur die Kerne dazu nimmt.

Flechten

Bei Flechten und Hautkrankheiten ist eine geregelte Lebensordnung, verbunden mit strenger Diät, von großer Wichtigkeit, wobei namentlich schwer verdauliche, saure, fette, gesalzene und geräucherte Speisen, sowie alle hitzigen Getränke streng vermieden werden müssen. — Dagegen aber können die Säfte verbessert werden durch den Genuß von vielem gesunden Quellwasser, Obst, namentlich saurer Äpfel und leichter Vegetabilien, wobei aber auf öfteres Wechseln der Wäsche hauptsächlich zu sehen ist, den Reinlichkeit ist eine Hauptbedingung dabei. — Man lasse sich aber ja nicht einfallen, Flechten allein äußerlich zu vertreiben, denn durch eine gewaltsame Unterdrückung derselben können sehr üble Folgen, wie Blindheit, Taubheit usw., ja sogar der Tod herbeigeführt werden.

Zum innerlichen Gebrauche hat sich schon sehr gut bewährt eine Abkochung von 15 Gramm Eisenhutkrautstengeln mit ½ Liter Wasser, 8 Minuten lang gekocht und morgens und abends einige Teetassen davon mit Milch und etwas Zucker getrunken.

60 Gramm Graphit werden mit 4 Gramm Honig zu einer Latwerge bereitet und morgens und abends 1 Teelöffel davon eingenommen; ist ein sehr wirksames Mittel.

Erwachsenen ist zu empfehlen ein abwechslungsweise öfteres Abführungsmittel aus 4 Gramm Calomöl und 16 bis 18 Gramm Jalappenwurzel, zu einem Pulver bereitet und auf einmal eingenommen.

Eine Frühlingskur mit blutreinigenden Kräutern und Säften, Molken, Buttermilch, Bitterwasser und Kreuzbrunnen, auch Egersalzbrunnen vorgenommen, ist bei guter Wahl nie ohne Erfolg. — Auch Schwefelblüte in Wasser und damit Waschungen gemacht.

Man nimmt die frischen Blätter des Kletterkrauts, die im Frühjahr weit besser sind, als im Herbst, zieht die obere Haut ab, legt dieselbe auf die Stelle der Flechten, die bald da, bald dort am Körper zum Vorschein kommen und allemal wieder verschwinden; das bloße Bestreichen mit reinem Eiweiß gleich morgens nach dem Aufstehen, das man alsdann eine halbe bis eine Stunde darauf trocknen läßt und hernach mit einer guten Seife wieder abwäscht; daß das einzig unangenehme dabei ist, daß es etwas spannt, sobald es trocken ist, allein wenn man diese kurze vorübergehende Unbehaglichkeit nicht beachtet und es 3 bis 4 Wochen jeden Tag fortsetzt, so wird man sicher und ohne Nachteil gänzlich davon befreit.

Gegen die Krätze bei Kindern ist es hinreichend, ein Liter Wasser auf ein Gramm gestoßene Schwefelleber zu schütten, 12 Stunden daran stehen gelassen und als Waschwasser gebraucht.

Mandeln stoßen, mit Wasser vermengen und als Waschwasser benützen.

Eine Abkochung von Wacholderzweigen oder Ulmenrinde, worin man 2 Gramm Zinkvitriol auflöst, ist als Waschwasser auch sehr zu empfehlen.

Fettleibigkeit

Gegen Fettleibigkeit wirken starke körperliche Anstrengungen, wie Laufen, Reiten, trockene Reibungen. — Man rauche Tabak, da das Tabakrauchen nicht sowohl dem Körper Säfte entzieht, sondern vielmehr einen hinlänglichen Ersatz für das Vergnügen des Essens gewährt und die Zeit ausfüllt, die müßige Menschen zum Essen verwenden.

Die Abkürzung des Schlafes, der Gebrauch kalter Bäder, sowie öfteres Reiten vermindern gleichfalls die Fettleibigkeit.

Gegen Flecken im Gesicht

Frisches Eiweiß wird tüchtig geklopft, mit fein geriebenem Alaun vermischt und in einem Töpfchen auf gelinder Wärme unter beständigem Umrühren vermittels eines Hölzchens zu einem dicken Sälbchen gekocht. Zwei oder drei Tage damit morgens und abends das Gesicht bestreichen.

Flüsse

Wer mit Flüssen behaftet ist, soll jeden Morgen und Abend ein wenig gepulverte Rosmarinblätter mit Wein, oder womit man will, trinken; ist ein herrliches Präservativ.

Den ganzen Körper mit kaltem Wasser waschen und die Haut so lange reiben, bis sie rot ist.

Fußschweiße

dürfen, wenn sie auch einen noch so unangenehmen Geruch verbreiten, doch niemals unterdrückt werden und wer sich vermöge seines Berufes der Kälte und Nässe sehr aussetzen muß, suche durch Strümpfe aus Wachstaffet, durch Filzsohlen usw. seine schweißigen Füße möglichst zu schützen. Das unschuldigste Mittel gegen den damit verbundenen unangenehmen Geruch möchte noch das Einstreuen von etwas Weizenkleie in die Strümpfe sein. Unterdrückte Fußschweiße schnell wieder herzustellen, möge der Kranke augenblicklich ein reizendes Fußbad nehmen und unmittelbar nachher die Füße mit

Schmuckerschem Pflaster (in der Apotheke käuflich) bedecken. Für denselben Zweck mehr empfohlen: trockene Reibungen der Füße, Senfteige, Säcke mit frischem Malz, mit heißer Asche oder Sand, mit warmem Salz oder Malz, zu gleichen Teilen mit Birken- und Erlenblättern, worin man die Füße stecken läßt, das Tragen von Socken aus Wachstaffet und dergleichen.

Füße, geschwollene

Ein eichenes Brett heiß gemacht, mit den bloßen Füßen solange darauf gestanden, bis es beinahe wieder kalt ist.

Weizenkleie öfters warm um die Füße geschlagen.

Schafgarbe in einer Pfanne gebraten und warm unter die Füße gebunden.

Füße, schmerzende, infolge der Anstrengung auf Reisen

Dieselben, sowie die Gelenke, welche durch zu starkes Gehen wehe tun, mit 15 Gramm weißem Anhaltgeist einige Male eingerieben.

Zur Stärkung und Erwärmung der Füße

wird ferner gerühmt:

Man halte für 50 Pfennige Arnikatinktur und für 50 Pfennige Melissengeist in einem Gläschen beisammen parat und reibe mit zirka einem Kaffeelöffel voll die Füße und den Unterleib morgens und abends damit ein. — Es soll nicht nur sehr stärken, sondern auch den Nerven Elastizität geben.

Heiserkeit nach vielem Sprechen

Arnikatinktur, täglich zweimal 2 bis 3 Tropfen genommen, hilft bei wiederholtem Gebrauch gegen dieses lästige Übel.

Halsentzündung

Salzlösungen zu Umschlägen sind zu empfehlen bei schwerer Halsentzündung, bei Lungen- und Bronchialkatarrhen und ähnlichen Krankheitszuständen der Organe der Brusthöhle. Seit alten Zeiten waren die Salzbäder hochgeschätzt. Heiße Salzfußbäder haben sich bei Blutandrang nach dem Kopfe und heftigem Schnupfenfieber als dienlich erwiesen. Dauer ¼ bis ½ Stunde. Welch herrliche Wirkung aber Vollbäder mit Salzwasser, natürliche oder künstliche, bei skrophulösen, rachitischen oder an allerlei Knochen- und Gelenkkrankheit leidenden Personen hervorbringen, ist allgemein bekannt. Kindern bereitet man Bäder von 1 Prozent Salzgehalt (auf 10 Liter Wasser 100 Gramm Salz). Erwachsene ertragen stärkere Lösungen. Temperatur 25—26 Grad R. In verschiedenen Badeorten mit kochsalzhaltigen Heilquellen werden zur Unterstützung der erkrankten Atmungsorgane auch Einatmungen salzgeschwängerter Luft ärztlicherseits angeordnet, ein Verfahren, das sich auch bei Kropf und Diphterie empfiehlt (sechs- bis achtprozentige Salzlösung).

Influenza

Ein Mittel gegen die Influenza ist Schafgarbentee und Schleuderhonig. Man trinke bei Beginn der Krankheit morgens und abends eine Tasse Schafgarbentee mit einem Eßlöffel voll Schleuderhonig und nach kurzer Zeit ist man vollständig wieder hergestellt. Schwächliche, kränkliche, bleich aussehende Kinder und Erwachsene sollten den Tee zu ihrem gewöhnlichen Getränk machen.

Heilmittel

Brennessel gedörrt und zu Tee verwendet, löst die Verschleimung in Brust und Lunge und reinigt den Magen von abgelagerten Stoffen. Eine beginnende Wassersucht kann durch Tee von diesen Wurzeln beseitigt werden. Wer unreines Blut hat, sollte zur Sommerszeit recht o Brennesseln, wie Spinat gekocht, essen.

Das verlorene Gehör wiederherzustellen

Fülle die Ohren abwechselnd mit Franzbranntwein und lasse denselben 10—15 Minuten darin, worauf bestimmte Hilfe erfolgt.

Gegen Gelbsucht

Man nehme ein halbes Pfund Honig und 4 Gramm pulverisierten Safran, mache davon eine Salbe und schmiere sie als Pflaster so groß wie das Innere eines gewöhnlichen Tellers auf einen Leinwandlappen, welcher auf den Nabel zu legen ist. Während dasselbe wirken soll, darf der Patient keine Butter essen, dagegen wirkt Honig auf dem Brote gegessen sehr günstig.

Den üblen Geruch aus dem Munde zu vertreiben

Man spüle sich den Mund täglich viermal mit Kohlenpulver aus, welches man mit Wasser angerührt hat. Wem dieses Mittel zu unbequem ist und wer den damit verbundenen Schmutz zu vermeiden wünscht, löse 20 Gramm

Chlorkalk in einem Glas Wasser auf, setze 40 Gramm Löffelkrautspiritus zu, mische einen Teelöffel voll hiervon unter ein Glas Wasser und spüle sich damit täglich mehrmals den Mund aus. Rührt der üble Geruch dagegen von einem verdorbenen Magen her, so brauche man die in diesem Buche gegebenen Mittel für schwache und blöde Magen.

Böse Geschwüre

Äußerst heilsam sind zeitige Feigen, welche man vorher in heißes Wasser und dann auf böse Geschwüre legt.

Seidelbast, Kellerhals genannt, ein Staudengewächs, wächst in feuchten, düsteren Orten und blüht im März. — Die Blätter gedörrt, pulverisiert und mit Honig zu einer Salbe gemacht, heilt alle Geschwüre, aber schmerzt ein wenig.

Gegen Geschwüre an der Lunge, wobei der Kranke Blut und Eiter auswirft

Man läßt den Kranken täglich 10 Gramm gepulverte Wallwurzel einnehmen, so wird er geheilt.

Gegen Geschwulst im Gesicht

Kaufe für 50 Pfennige Meliotenpflaster und lege es über die Geschwulst, es zerteilt sie.

Geschwulst des Bauches

Trinke das Wasser von ausgekochten Gurkenschalen oder auch gedörrte Linsen gemahlen und wie Kaffee angebrüht und getrunken; führt das Wasser ab und der Leib wird sich hierauf bald setzen.

Geschwulst

Ungewaschene Wolle von einem Schaf auf die Geschwulst gebunden.

Von einer gestandenen, abgenommenen Milch das Wasser getrunken und die Milch auf ein Tuch gestrichen und darauf gelegt.

Für rheumatische Gicht in den Gliedern, wenn man zum Beispiel die Finger nicht ausstrecken, Arme oder Füße nicht bewegen kann

Dazu ist folgendes Mittel sehr bewährt und untrüglich; man kaufe für 50 Pfg. Loröl und für 50 Pfg. Althee; dieses wird untereinander gemacht, die Glieder und Gangadern werden täglich dreimal damit eingerieben, und dann mit Flanell umwunden.

Gicht

Die Gicht wird durch vermehrte Harnsäure im Blute erzeugt. Sie befällt vorzugsweise solche Personen, welche bei reichlichen Mahlzeiten zu wenig körperliche Bewegung haben. Die erblichen Anlagen spielen bei der Gicht eine große Rolle. Der zur Gicht Geneigte darf nicht zu reichlich essen oder trinken, muß sich an Suppe, Obst, Gemüse und dergleichen halten, wenig Fleisch essen, Wein, Bier, Kaffee und Tee aber ganz vermeiden. Dagegen soll der Patient sich viel in freier Luft bewegen, körperliche Anstrengungen suchen und fleißig Wasser trinken.

Gewisse Brunnenkuren, wie: Karlsbad, Marienbad, Kissingen stehen in gutem Ruf.

In den späteren Stadien der Krankheit sind warme Bäder vorzüglich. Befolgt man bei Gichtanfällen die hier angegebene Lebensweise nicht frühzeitig und läßt sie sich erst im ganzen Organismus festsetzen, so ist die Gicht zwar nicht tödlich, aber in der Regel unheilbar.

Hier lassen wir wieder ein Hausmittel folgen:

Die Blätter von der Kohlpflanze (wovon Sauerkraut gemacht wird) einige Minuten im Wasser gedämpft und auf die kranken Stellen gelegt.

Oder:

Jedes Jahr, so oft es reife Erdbeeren gibt, täglich nach Belieben mit Zucker gegessen.

Die Glieder mit Ameisengeist eingerieben.

Man koche die Blätter mit Wurzeln von Hauhechel (Ononis spinosa) in Wasser, presse die Flüssigkeit durch und trinke täglich 1—2 Liter längere Zeit davon.

Gegen Gichtschmerzen wird ferner gerühmt: Man rühre für 50 Pfg. Tragant mit etwa ein achtel Liter Wasser an, bringe es über gelindes Kohlenfeuer und mische unter beständigem Umrühren für 50 Pfg. Kübelharz darunter. Wenn sich nun alles zu einer Salbe verkocht hat, ist es fertig. Alsdann davon auf eine Leinewand aufgestrichen und die schmerzenden Teile überlegt.

Die schmerzende Stelle wird auch mit Zitronenschalen und Kamillenöl des Tages zweimal gesalbt und mit warmen Tüchern umwunden.

Kamillenblumen vier Hände voll, Kleie zwei Hände voll, Kochsalz eine Hand voll; mische und nähe es in einen leinenen Sack ein, mache denselben warm auf auf einen Ziegelstein und auf das schmerzende Glied gelegt. Oder nimm Kamillenöl mit gebranntem Wein vermischt, reibe das Glied warm damit und binde danach warme Tücher darum. Oder nimm Erdbeerkraut,

Kamillenblumen, Wermut, jedes zwei Hände voll, tue dies zerschnitten in ein Säcklein von Kochsalz, Kleie und Kamillenblumen über den schmerzhaften Ort. — Wacholderbeeröl eingenommen ist für viele Gebrechen solcher Art gut.

Das Weiße von einem Ei, ebensoviel Salz und Schmalz, auch dreimal so viel zartgestoßenen, gesiebten Kandiszucker untereinander gemischt, auf ein Tuch gestrichen, warm auf den schmerzenden Teil gelegt und 3—4 Tage darauf gelassen, hat eine wunderbare Wirkung.

Man nehme 5—10 Stück von der schärferen Gattung frischer, schwarzer Winterrettiche und ebensoviel große gewöhnliche Zwiebeln, reibe sie auf einem Reibeisen fein, bringe die geriebene Masse in ein reines, leinenes Säckchen und presse den Saft in einer Presse gut aus. Von diesem Safte, der in einem Glase gut aufbewahrt wird, nehme man morgens und abends vor Schlafengehen jedesmal 2 Eßlöffel voll, und nach 8- bis 10tägigem Gebrauch wird man bedeutende Linderung verspüren. Auch der öftere Genuß von Rettichen ist sehr zu empfehlen. (Eine vierwöchige Kur in Wildbad oder Baden-Baden ist von bester Wirkung).

Gegen die Gicht der Kinder und auch großer Personen

Nimm 30 Gramm Florentinische Schwindelwurz, 30 Gramm Betonienwurzel, 50 Gramm Eierschalen, 10 Gramm Süßholz und 10 Gramm Schwefel von Haselstauden oder ordinärem Schwefel, mache alles, wohl gemischt, fein gestoßen zu Pulver und gib dem kleinen Wochenkinde durch das sogenannte Memele in der Milch oder Tee täglich einmal eine halbe Messerspitze voll und wenn es älter ist, auf den Brei täglich 2—3 mal; bei großen Personen muß die Dosis nach Verhältnis verstärkt und im Tee getrunken werden.

Gegen Ausdorren und Schwinden der Glieder

Nimm ein Pfund Brennesselsamen, im Herbst gesammelt, ¼ Pfund Meerrettich, klein geschnitten, ¼ Pfund Aronewurzel und ¼ Pfund Pfeffer, tue es zusammen in einen Topf, gieße ein Liter guten weißen Wein darauf, digeriere es 14 Tage, rühre es oft um, reibe das Glied mit einem warmen Tuche, alsdann streiche das Wasser darüber und lasse es an der Wärme eintrocknen.

Für den bösen Grind

Man schere das Haar des Kopfes rein ab, wasche die Stellen mit einer guten, scharfen Lauge und streue hernach Eichenasche durch ein Sieb auf das Haupt, daß alles damit gut bedeckt wird. Nach 14 Tagen hebe man es behutsam auf, salbe die offenen Stellen täglich des Abends mit Unguento Arraganico, so warm es zu leiden ist, lege dann ein Emplastrum diachilon darauf. Mit diesem fährt man täglich des Abends fort und der Grind wird in kurzer Zeit heilen.

Waschungen mit Karbolseife.

Grieß und Stein sicher abführen

Täglich 15 Tropfen Terpentinöl und 10 Tropfen Hoffmannschen Geist auf Zucker einnehmen.

Gegen Grieß, Nieren- und Blasenstein dient besonders der tägliche Genuß von Rettichen; auch ist es gut, wenn die Speisen hinlänglich gesalzen sind. — Alle Morgen nüchtern 20—30 Wacholderbeeren gekaut und geschluckt.

Grieß

Nimm von dem Rettich oben das grüne Herzlein, klein gehackt, mit sanftem Feuer überzogen, gibt ein Wasser, darin 15 Gramm Rettichsamen, 15 Gramm Petersiliensamen, 15 Gramm Pastinaksamen, 15 Gramm Vogelbeersamen, eine starke Messerspitze voll pulverisiert einzunehmen abends vor Schlafengehen. — Trinken von weißem Wein oder Beerentraubentee.

Gegen das Ausfallen der Haare

Man nimmt soviel Franzbranntwein, als zur Befeuchtung der Haare nötig ist, lege die Hälfte oder den dritten Teil einer geschnittenen Zwiebel hinein und erwärmt beides gut miteinander. Die Haare werden mit diesem befeuchtet, gut durchgekämmt und mit einer Nachtmütze bedeckt. Am besten geschieht diese Befeuchtung vor dem Schlafengehen.

Mittel, das Wachstum der Haare zu befördern

Man nehme Baumöl und Rosmaringeist zu gleichen Teilen wohl vermischt, dann 6 Tropfen Muskatnußöl hinzugetan. Mit dieser Salbe werden die Haare eingerieben. — Übrigens halte man den Kopf so rein als möglich, kämme und bürste die Haare täglich rein aus und brauche so wenig Pomade als möglich.

Hals, dicker

Angehende dicke Hälse können, mit Jodsalbe eingerieben, vertrieben werden.

Halsschmerz

Mit Salbeitee, dem man ein paar Löffel voll Honig beimischt, öfters gegurgelt. — Bei sehr verschleimten Personen kann man einen Löffel voll Branntwein zusetzen. Nebenbei Leinsamen und Eibischwurzel in Wasser gesotten.

Mittel gegen trockene, straffe Haut

Man wasche sich fleißig mit warmem Wasser, nehme Dampfbäder, wasche sich mit Milch, welche die Haut auch weiß, zart und glatt macht; wasche mit schleimigen Absieden von Leim oder Quittenkernen, oder Eibisch, oder Gummi, oder Gerste, mit Eiweiß, daß man mit Wasser abschlägt, Einreiben mit Öl oder Fett und dergleichen.

Gegen Hämorrhoiden

Eines der größten Linderungs- und Heilmittel der Hämorrhoiden sind Klistiere von kaltem Wasser. Das einzuspritzende Wasser muß nicht eiskalt, aber auch nicht warm sein und beim Eindringen des Rohres muß große Vorsicht gebraucht werden, um jede schmerzhafte Reibung der Zacken zu verhüten. Nachher läßt man den Kranken eine Zeitlang auf der linken Seite wagerecht, d. i. ganz oben, sich legen, damit das Eingespritzte nicht zu schnell zurückläuft. Denn durch dieses einfache Mittel wird der Stuhlgang in Ordnung gebracht, die Schmerzen bei der Darmauslehrung vermindert und die Überfüllung in den Hämorrhoidalgefäßen zerteilt. Der Kranke kann eine Zeitlang ein solches Klistier nehmen. Es wird hierbei kaum die Bemerkung nötig sein, daß da, wo die Hämorrhoiden fließend und der mäßige Blutverlust mit Erleichterung verbunden ist, das Mittel überflüssig, ja schädlich sein würde.

Heiserkeit

Bei eingetretener Heiserkeit ist große Vorsicht, Warmhalten und fleißiges Teetrinken nötig. — Die bekanntesten Hausmittel dagegen sind: Brusttee mit Eigelb und Kandiszucker getrunken und dabei die Hautausdünstung zu befördern suchen. — Oder mehrere frischgelegte Hühnereier ungesotten täglich gegessen, oder gepulverten Kandiszucker mit Eigelb angerührt und kaffeelöffelweise eingenommen. — Oder Salbeitee und Honig zum Gurgeln angewandt und um den Hals ungewaschene Schafwolle gebunden.

Ehrenpreis und die Bachbungenblumen, von jedem eine Hand voll nebst 4 Gramm Anis zerstoßen, in zwei Liter süßer Milch gesotten und des Tages zweimal davon getrunken, hilft augenblicklich, macht eine klare Stimme und vertreibt die Eingenommenheit der Brust nebst langwierigem Husten. — Personen, die in vierzehn Tagen kein lautes Wort mehr reden konnten, sind dadurch kuriert worden.

Eisenkraut, gut zerstoßen und über die Kehle gelegt, vertreibt die Heiserkeit, so stark sie auch sein mag. — Sollte man kein grünes bekommen können, nehme man nur dürres aus der Apotheke und feuchte es ein wenig mit warmem Wasser an, damit man es zerstoßen kann.

Den Hals in ein nasses Tuch gewickelt und mit einem wollenen zugebunden, bis zum Schwitzen und dieses alle 2—3 Stunden wiederholt.

Herzklopfen

Melissen zerstoßen und aufs Herz gelegt; kann man keine grünen haben, so werden die dürren mit Rosenwasser angefeuchtet und zerstoßen.

Zitronenöl mit Rosenzucker eingenommen.

Täglich 3—4 mal einen Kaffeelöffel voll Kochsalz mit frischem Wasser eingenommen.

Hände, aufgesprungene

Wenn die Hände aufspringen, so lasse man einen Teelöffel voll von dem Myrrhenextrakt in einer Tasse voll heißem Wasser unter beständigem Umrühren auflösen, wasche die Hände fleißig mit diesem Wasser, und man wird die besten Erfolge gewahr werden.

Gegen Hartleibigkeit

bewährt sich vortrefflich früh nüchtern einige Äpfel zu genießen, vielleicht auch ein Glas Brunnenwasser dazu, und mit etwas gutem Willen wird man bald damit zurechtkommen.

Oder:

Latwerge ist in jeder Apotheke vorrätig, womit die Hartleibigkeit beseitigt werden kann.

Oder:

1 Flasche Sagradawein gekauft und nach jeder Mahlzeit einen halben Teelöffel voll eingenommen, bringt den Unterleib wieder in Ordnung.

Oder:

1 rohes Ei in kaltes Wasser gerührt und getrunken.

Heiserkeit und Husten

Zwei Obertassen voll Milch setze man mit 100 Gramm feingestoßenem Kandis in einem reinen irdenen Töpfchen übers Feuer, lasse dies überkochen und trinke so heiß als möglich abends vor Schlafengehen und morgens nüchtern eine solche Portion. In 2—3 Tagen verliert sich Husten und Heiserkeit.

Oder:

Nimm zwei oder drei Knoblauchhäupter, reinige und reibe sie beim Feuer, zerlasse Schweinefett, bis eine Salbe daraus wird. Vor dem Bettgehen abends erwärme deine Füße, schmiere sie mit dieser Salbe ein und verbinde sie gut mit Tüchern, so wirst du morgens fühlen, daß alle Heiserkeit verschwunden ist.

Hühneraugen

Bimsstein glühend gemacht und zerstoßen, das Hühnerauge nach einem Fußbade ein wenig abgeschnitten und dieses Pulver mit scharfem Essig daraufgelegt.

Das sicherste Mittel ist: Man streiche ein wenig Schuhmacherpech auf ein Stückchen Baumwolltuch und lege es auf das Hühnerauge. Nach 14 Tagen wiederhole man es und fahre so lange fort, bis man das Hühnerauge herausgrübeln kann.

Ein Blättchen von einer sogenannten Hauswurz, welche auf Mauern wachsen, wovon man zuvor das äußere Häutlein von dem Blatte mit einem Federmesser abzieht, auf das Hühnerauge über Nacht gebunden und einige Tage nacheinander jedesmal wieder ein frisches aufgelegt, erweicht oft beim erstenmal derart, daß man das Ganze breiweich herausnehmen kann; sind sie aber zu hornartig, so muß es einige Tage fortgesetzt werden.

Von grünem Wachs täglich ein Pflästerchen aufgelegt.

Man nimmt einen großen Kaffeelöffel voll Teer, ebensoviel braunen, gestoßenen Kandiszucker und ebensoviel Salpeter, läßt solches in einem großen blechernen Löffel über dem Licht zusammengehen und streiche die Mischung, solange sie weich ist, auf dünnes Handschuhleder, schneidet hiervon kleine Pflästerchen ab und legt diese auf das Hühnerauge.

Wer gewöhnt ist, Hühneraugen an den Zehen auszuschneiden, sei ja vorsichtig. — Durch unbemerktes zu tiefes Schneiden kann man sich ein Wundfieber zuziehen, das gar schlimme Folgen haben kann, deshalb sind andere Mittel stets vorzuziehen.

Husten

Man schält ungefähr sechs saftige Äpfel und schneidet sie zu Stückchen; alsdann nimmt man drei kleine Zwiebeln und schneidet sie so klein als möglich. Sind nun diese beiden Teile zubereitet, so zerstößt man etwa 60 Gramm Zuckerkandis ganz klein, tut alles zusammen in einen Topf, schüttet ein wenig Wasser daran, deckt es zu und läßt es dämpfen, bis es weich ist. Hiernach nimmt man täglich 8—10 mal, je nachdem man Appetit hat, einen Kaffeelöffel davon.

Nimm Veilchenwurz und Süßholzpulver, jedes 8 Gramm, braune Eibischwurzel 4 Gramm, eine Messerspitze voll Safran, 60 Gramm weißen Kandiszucker. Dieses alles fein gestoßen und untereinander vermischt und allemal eine Messerspitze voll eingegeben, so oft man will.

Salbei gestoßen, den Saft ausgepreßt und mit einem Glas altem, warmen Wein vermischt, warm getrunken, hilft vom Husten und Sodbrennen. Es ist auch dies ein erprobtes, zuverlässiges Mittel gegen Krampfhusten, Bluthusten, Störungen der Galle, Lungensucht, Luftröhrenschwindsucht, Zehrfieber, nächtlichen Schweiß, Brustschmerzen und Schwäche.

Möchte doch dieses Mittel da, wo sonst keine Hoffnung mehr vorhanden ist, nicht unversucht bleiben, es würde vielen Rettung bringen.

Ist Erkältung die Veranlassung zum Husten und kein Entzündungsfieber dabei zu merken, so sind einige Tassen Holundertee, mit oder ohne Milch und Zucker versüßt im Anfange oft das beste Mittel. Siehe Bereitung des Holundertees und Senfauflagen.

Oder:

Man mische bei anhaltendem Husten 15 Gramm Eibisch- und 15 Gramm Süßholzwurzel, sowie 15 Gramm Alantwurzel, klein zerschnitten, gut untereinander, nehme davon einen starken Eßlöffel voll und siede es ungefähr mit einem viertel Liter Wasser bis zur Hälfte ein, alsdann nach Belieben täglich 3—4 mal davon getrunken. Oder Eibisch, Süßholz, Wollblumen und Kandis miteinander angebrüht, noch ein wenig gesotten, durch Leinewand geseiht und getrunken. Wenn man noch etwas Malz von einem Bierbrauer dazu nimmt, ist es zugleich nahrhaft. — Dies mindert besonders die Stiche auf der Brust.

Vorzüglicher Tee gegen Husten. Man lasse sich in der Apotheke folgendes geben: Lungenkraut für 20 Pfg., Sternleberkraut für 20 Pfg., Ehrenpreis für 20 Pfg., Rosinen für 20 Pfg., Isländisch Moos für 30 Pfg., Lindenblütentee für 20 Pfg., Erdbeerkraut für 20 Pfg., Süßholz für 50 Pfg., geschnittene Feigen für 30 Pfg.; nachdem alles gut durcheinander vermischt ist, nimmt man vier Eßlöffel von diesem Tee und läßt ihn in dreiviertel Liter Wasser bis auf die Hälfte einsieden und trinkt so warm als möglich, aber nicht heiß, je zwei Stunden nach dem

Frühstück, Mittag- und Abendessen ein achtel Liter davon. Das Durchtreiben durch Leinewand ist nötig, weil sonst der beste Schleim zurückbleibt.

Man presse soviel rohgeriebene gelbe Rüben durch reine Leinewand, daß man etwa ein viertel Liter Saft davon bekommt; diesen Saft kocht man mit 60 Gramm Kandiszucker zu einem leichten Syrup ein und nimmt nach Belieben täglich ein. — Die Wirkung ist vortrefflich.

Wacholdergeselz in schwachem Branntwein aufgelöst und getrunken — bekommt aber gewöhnlich bloß denen gut, die Freunde des Branntweins sind.

Bei trockenem Husten — ohne Auswurf — (sogenanntem Reißer) dient Kartoffelwasser.

Man reinigt nämlich die Kartoffeln vor dem Sieden so gut wie möglich im Wasser, damit weder Sand noch Erde an ihnen bleibt, und siedet sie ganz so, wie zum gewöhnlichen Verspeisen. — Wenn nun die Kartoffeln weich genug sind, so hebt man das Wasser für einige Tage auf und siedet davon mit Kandiszucker, den man nicht spart, und trinkt morgens und abends die Hälfte davon lauwarm.

Dieser Tee gehört zu den narkotischen Mitteln, sagt den Nerven zu und bringt einen ruhigen Schlaf.

Zur Herbstzeit, wenn die Kartoffeln noch nicht lange zu Hause sind, darf man nur die Hälfte davon trinken, weil sie eine stärkere Wirkung haben, dieselbe aber durchs Lagern in einigen Monaten mehr und mehr verlieren.

Oder:

Kandiszucker in süßer Milch abgesotten und getrunken, tut vielen Naturen besser als alle anderen Mittel.

Gegen heftiges Stechen beim Husten nehme man Wollblumen, Eibisch und Süßholz nebst Kandis, siede dies in Wasser und trinke das durch Leinewand Geseihte.

Tut man hierzu noch etwas Malz von einem Bierbrauer, so ist es zugleich nahrhaft.
Oder:
Knoblauch in den Strumpf streuen oder auf die Fußsohlen binden, so verliert sich der Husten.

Keuchhusten

20 Gramm Cogonille, 20 Gramm Weinsteinsalz, zwei Lot Zuckerkant in ein achtel Liter Wasser aufgelöst und täglich dreimal einen Teelöffel voll getrunken.
Oder:
Feldrautentee ist ein zuverlässiges Mittel dagegen. Schwarzwurzel ist ein erprobtes Mittel gegen Husten.

Mittel, die Kolik auf immer zu vertreiben

Man nehme die feinste erste Schale von grünen Pomeranzen, 5 Gramm schwer, auch soviel Gewürznelken, tue solches in ein Glas Wein, koche den dritten Teil ein und gib das übrige dem Patienten. Dieses Mittel wirkt sehr schnell.

Mittel gegen den Krampf in Händen und Füßen

Man mische in einem gläsernen Gefäß 5 Gramm Laudanum, 10 Gramm Kampfertinktur und 5 Gramm Schwefeläther und reibe damit den schmerzhaften Teil.

Gegen allzugroße Hitze im Kopf

Man nehme beliebig viel Holunderschwämme und gieße Holunderblüten und Rosenwasser darauf; nachdem die Schwämme wohl erweicht und ihre Kraft dem Wasser mitgeteilt haben, mache man ein vier- bis sechsfach leinenes Tuch damit naß und binde es um die Stirn und Schläfe, und fahre solange damit fort, bis das Übel behoben ist, welches unfehlbar bald erfolgt.

Kolikschmerzen und Reißen im Unterleibe

Drei Lorbeeren zart zerstoßen und mit einem guten Glas alten Wein getrunken.

30 Gramm gelbe Pomeranzenschalen und 30 Gramm Gewürznelken in einem viertel Liter guten Wein gekocht und getrunken.

Baldrian- und Kamillentee getrunken.

Ein Säckchen mit Salz und Hafer warm um den Leib gebunden.

Man nimmt drei schwere, frische Muskatnüsse, legt sie auf Kohlen, bis sie wie eine Kohle glühen; nun wirft man eine nach der andern glühend in einen guten Schoppen Wein, deckt ihn schnell zu, damit die Ausdünstung in den Wein zurückgeht, hernach auf einmal getrunken. Dieses wird einige Male von 6 zu 6 Stunden wiederholt, bis man nichts mehr davon spürt.

Krätze

Der Kranke bereitet sich eine Salbe aus einem Teil gereinigter Schwefelblume und zwei Teilen Schweineschmeer; ein Pulver aus gereinigten Schwefelblumen und gereinigtem Weinstein, von jedem 18 Gramm, gestoßenen Anis und Zucker, von jedem 10 Gramm; alles wohl durcheinander gemischt. Von dem Pulver nehme er viermal täglich, je nach seinem Alter, etwas mehr oder etwas weniger wie einen kleinen Teelöffel voll; mit der Salbe reibe er dreimal täglich, mit Ausnahme des Gesichtes, den ganzen Körper ein. Außerdem wasche er sich jeden Morgen durchaus mit warmem Wasser und grüner Seife und wechsle bei dieser Gelegenheit zugleich die von den Einreibungen des vorhergehenden Tages verunreinigte Leibwäsche. Während dieser Kur hüte er das Zimmer, vorzugsweise im Winter, und vermeide nicht bloß jede

Überladung des Magens und alle geistigen Getränke, sondern genieße überhaupt weniger, als er eigentlich zu seiner Sättigung bedarf; fette, stark gesalzene und saure Speisen gar nicht. Sollte das Pulver nicht hinlänglich auf den Stuhlgang wirken, indem dieser zwar nicht ganz wässerig, aber doch mehr breiig als hart sein soll, so trinke man nebenbei alle acht Tage einige Tassen abführenden Tee (18 Gramm Bittersalz, 10 Gramm Sennesblätter und 5 Gramm Pfefferminze werden mit vier Tassen kochendem Wasser aufgegossen und beliebig versüßt). Bei dieser Behandlung kann man hoffen, in wenigstens drei Wochen von dem ekelhaften Übel befreit zu sein; vor Rückfällen aber sichert fortgesetztes, fleißiges Waschen des ganzen Körpers mit grüner Seife. — Das Hautjucken steckt nicht an und unterscheidet sich auch dadurch von der Krätze, daß anstatt der Bläschen oder dicken, gelben Blüten immer nur Knötchen in der Haut zum Vorschein kommen, welche, wenn sie der Kranke wegen heftigen Juckens aufkratzt, bluten, und die vorzugsweise die Streckseite der Gliedmaßen, die Schultern und den Rücken lieben, während die Kratzbläschen ihren Sitz an der Beugseite der Gliedmaßen, am Handgelenke und zwischen den Fingern haben. In allen Fällen tut die größte Reinlichkeit, der Gebrauch lauwarmer Fußbäder, das reichliche Trinken von frischem Wasser gut.

Kropf zu vertreiben

Fünffingerkrautwurzel ausgepreßt und täglich vier Teelöffel von diesem Saft eingenommen, vertreibt nach und nach den Kropf.

Kehlkopfleiden

Kratzbeerkraut mit Wasser ansetzen und wenn es tüchtig kocht, einen Trichter darüber gestürzt, die Dämpfe durch den Schlauch in den Mund ziehen lassen. Außerdem muß mit diesem Wasser noch gegurgelt werden und abwechselnd getrunken. Hier verlange man noch besondere Anweisung vom Verleger.

Gegen Kopfschmerzen im Hinterkopfe

helfen Umschläge von heißem Wasser.

Kopfschmerzen

Ein Glas frisches Wasser von der Quelle hinweg täglich morgens nüchtern getrunken und einen Spaziergang in freier Luft darauf gemacht — wie überhaupt fleißige Bewegung im Freien, sowie häufiger Wechsel der verdorbenen Zimmerluft eine Hauptsache dabei ausmachen.

Wer häufig mit Kopfweh geplagt ist, genieße einige Zeit Senf zu denjenigen Speisen, wozu derselbe paßt; ebenso wirkt der weiße Senfsamen gegen Magen- und Kopfschmerzen, Blutandrang, Gesichtsschwäche, Heiserkeit, Husten und andere Brustkrankheiten. Die Dosis besteht aus 1—2 Kaffeelöffel voll, je nach der Konstitution des Patienten, morgens eine Stunde vor dem Frühstück, die andere eine Stunde vor dem Mittagessen, die dritte vor dem Schlafengehen.

Bei heftigem Kopfweh die schmerzhaften Stellen mit weißem Anhaltgeist einreiben.

Ein viertel Liter gestoßene oder zerdrückte Wacholderbeeren mit soviel Weinessig, als dieselben anziehen, untereinander gemischt, hernach erwärmt, in Leinewand eingeschlagen und so warm, als man es erleiden kann, um den Kopf gebunden oder aufgelegt. — Hilft besonders auch bei rheumatischem Kopfweh. Oder: ein frisches Kohlblatt auf die Stirn gebunden.

Holunderblüten mit etwas Wein oder Essig angefeuchtet und um die Stirne gebunden.

Nimm Eisenkraut, schneide es einen Zoll lang zusammen, siede es eine halbe Stunde in Wasser und wasche beide Schläfen damit — hilft sicher. Nach einer halben Stunde ist der Kopfschmerz beseitigt.

Leberleiden

Die an der Leber und Gelbsucht Leidenden sollten täglich mehrere Male frische ungesottene Eier (das Weiße und Gelbe zugleich) in Wasser zerrührt genießen. — Die gelbe Gesichtsfarbe wird darauf verschwinden und der tägliche gehörige Stuhlgang wieder eintreten. Bilsenkrauttee ist der Leber vorzüglich.

Gegen Luftröhrenschwindsucht

Es gibt ebenfalls ein sehr einfaches und sicheres Vorbeugungsmittel, wenn man nämlich öfters den Hals besonders den Kehlkopf — sogenannten Gurgelkopf — mit Schweinefett einreibt, ein Stückchen Flanell darüber trägt und täglich einen bis zwei Kaffeelöffel voll süßes Mandelöl schluckt.

Luftröhrenentzündung

Wenn die Luftröhrenentzündung ansetzen will, esse oder schlucke man einen ganzen Eßlöffel voll gestoßenen weißen Zucker — aber trocken. Dieses einfache Mittel löst, wenn nicht zu spät angewendet, die schon angewachsene Haut wieder ab.

Oder:

Morgens und abends 1 Messerspitze voll frisch gebranntes Lindenkohlenpulver in ein wenig Wasser, frischer oder lauer Milch genommen.

Lähmung

Ein Säckchen mit großen Ameisen gefüllt, hernach dasselbe in kochendes Wasser gelegt und den Dampf an die gelähmten Glieder gehen lassen.

Von Wichtigkeit ist, die gelähmten Glieder soviel wie möglich (durch Reiben wollener Tücher) zu üben und in Bewegung zu setzen.

Als innerliche Mittel können empfohlen werden:

Baldriantinktur, Naphtha, Hoffmannsche Tropfen, Ambra usw.

Nehme Bäder mit Arnika oder reibe die Glieder mit Ameisengeist ein.

Die gelähmten Glieder in einige Haasenfelle eingebunden.

Lungenentzündung

Sollte bei heftigen Stichen (Schmerzen), die man auf der Brust empfindet, eine Lungenentzündung vermutet werden, so lege man ein Blasenpflaster auf die Brust, schneide die Blase, wenn sie sich gefüllt hat, auf, und lege dann ein rotes Minepflaster täglich zweimal frisch auf.

Man kann das Blasenpflaster auch in mehrere Teile zerschnitten auf die Brust auflegen. — Hat man Gichtpapier bei der Hand, so kann man auch auf den Rücken davon auflegen.

Oder: wenn der Kranke gleich bei Beginn ein Quantum Heidelbeeren genießt, verliert sich die Hitze innerhalb zwei Stunden.

Gegen Lungenkrankheit

haben sich folgende Mittel schon öfters in wenigen Wochen bewährt.

Man nehme einen neuen unglasierten Topf mit passendem Deckel, gieße 1½ Liter gutes Braunbier an

Lungenkrautblätter und weißen Honig, von jedem Teil für 10 Pfg., nebst einer guten Hand voll Weizenkleie, klebe den Topf mit Papier und Pappe gut zu, daß kein Dampf entweichen kann und lasse die Masse bis zur Hälfte einkochen. — Nachdem es erkaltet, durch Leinewand geseiht und in die Flasche gefüllt ist, wird täglich nüchtern, mittags eine Stunde vor dem Essen und abends vor dem Schlafengehen eine Tasse lauwarm getrunken.

Ungefähr 1¼ Liter noch grüne, unzeitige, frische Wacholderbeeren in einer steinernen Reibschale oder starkem Topf solange zerquetscht, bis eine breiähnliche Masse daraus entsteht, welche man alsdann nach Belieben versüßen kann. — Unter diese Latwerge wird hernach 60 Gramm Lungenkrautpulver gemischt. — Der Gebrauch ist morgens nüchtern und abends vor dem Schlafengehen einen starken Eßlöffel voll davon eingenommen, worauf eine Stunde hernach weiter nichts anderes genossen werden darf.

Brunnenkresse (Sisimbrium nasturium) morgens nüchtern eine Hand voll, ohne Essig und Salz genossen und damit bis Ende Mai fortgefahren. Paßt aber nicht für jedermann.

Kost für Lungenleidende: Die an Lungensucht Leidenden müssen sich aller zu stark gesalzenen, schwer verdaulichen Speisen und reizender Getränke enthalten. Besonders zuträglich ist ihnen gut gebratenes und gekochtes Fleisch, Geflügel, Fische, Krebse, Austern und Schnecken.

Als Getränke passen: Der Malztrank. Man kocht geröstete Gerste oder Malz in Wasser, tut eine geröstete Brotrinde und einige Pomeranzscheiben nebst etwas Wein und Zucker hinzu, seiht und hebt es in Flaschen zum Gebrauch auf.

Gerstentrank. Zwei Hände voll rohe Gerste, 30 Gramm Scorzonerwurzel, 30 Gramm geraspeltes Hirschhorn und 8 Gramm Zichorienwurzel werden in 4 Liter Wasser bis auf die Hälfte eingekocht und durchgeseiht.

Hirsenabsud. Man nimmt Hirse, Rosinen und Feigen, von jedem 15 Gramm, stößt die Rosinen, zerschneidet die Feigen, kocht alles zusammen 1 Stunde in 3 Liter Wasser und seiht es durch.

Gelber Rübensaft. Man kocht die abgeschabten gelben Rüben in einer gehörigen Menge Wasser bis sie weich sind und gießt das Wasser ab. Hierauf drückt man den Saft aus den gekochten Rüben stark aus und kocht diesen ausgepreßten Saft bis zur Dicke eines Honigs.

Magen, geschwächter

Als magenstärkend wird gerühmt: jeden Mittag im ersten Löffel voll Suppe eine Messerspitze Rhabarber genommen.

Tee von Schlehenbeeren für Leute, welche nichts mehr im Magen ertragen können und sich deshalb immer erbrechen müssen. — Eine Hand voll Schlehen, welche man zuvor zerdrückt, werden mit ³/₄ Liter Wasser und mit etwa für 50 Pfg. Cibeben bis auf ½ Liter eingesotten und mit etwas Zucker versüßt morgens und abends getrunken.

Die Beeren von dem Schlehenstrauch sammele man im Oktober und November zum Dörren, selbst wenn sie schon einen Frost überstanden haben; sie enthalten Zucker, Pfanzensäure, viel Gerbstoff und wirken kühlend, abstringierend und nährend, auch wurden sie früher in Form eines Dicksaftes häufig gegen Durchfälle und Ruhren, Blut- und Schleimflüsse angewendet.

Gegen Magenweh hat sich kuhwarme Milch schon oft bewährt. Man fängt mit einem viertel Glas zu trinken an und erhöht den Genuß allmählich bis auf ein halbes Liter.

Gegen Magenbrennen schneide man Braunbeerwurz recht klein, siede sie, seihe sie dann durch und trinke von dem Absud nach Genüge.

Zur Magenreinigung ist nichts besser, wenn selbst Menschenhaare in demselben liegen geblieben sind, die man oft unvermerkt beim Essen bekommen kann und den Grund zu allerlei Unwohlsein abgeben, als Hagebutten, über die schon ein Frost gegangen ist, wenn man dieselben samt den darin befindlichen Kernen und stachligen Haaren im Oktober und November an den Hecken ißt.

Nehme täglich morgens nüchtern einen Eßlöffel voll des aus frischen zerhackten Blättern des Wermuts gepreßten Saftes. Ein Aufguß von Wein und Wermut ist eine ausgezeichnete magenstärkende Essenz — ist sehr zu empfehlen — längere Zeit fortsetzen.

Oder: Gewöhnen Sie sich daran, täglich 1 bis 2 Tassen heißes Wasser zu trinken und meiden Sie kalte Getränke, so wird sich das Leiden bald verlieren.

Gegen Magenkrampf

Man nehme 45 Gramm guten Zimt, 60 Gramm überzuckerte Pomeranzenschalen, 45 Gramm gewöhnliche Pomeranzenschalen, 45 Gramm rohen Kalmus. Dieses alles wird so klein als möglich zerschnitten in Leinewand gebunden, und in ein Liter vom besten Wein den man haben kann, rot oder weiß, eine Viertelstunde lang gekocht, hernach ausgepreßt und in einer wohlverschlossenen Flasche zum Gebrauch aufbewahrt und morgens und abends einige Löffel voll davon getrunken.

Entsteht der Magenkrampf infolge zu großer Reizbarkeit, so übergieße man 4 Gramm, höchstens 8 Gramm des zerschnittenen Pfefferminzkrautes mit 2 Tassen kochendem Wasser, welches man alsdann in einem gut zugedeckten Gefäß eine halbe Stunde auf einer warmen Stelle stehen läßt. Diesen Tee trinke man alsdann ganz lau. — Ebenso vorzüglich wirkt der Baldriantee.

Mandeln, geschwollene

Leinsamen und Eibischwurzel in Wasser gesotten zu einem Mus gestoßen, auf ein Tuch gestrichen und plasterweise um den Hals geschlagen.

Melliotenpflaster aufgelegt, auch innerlich Rosenhonig oder Maulbeersaft angewendet.

Mäler im Gesicht zu vertreiben

Solange es Erdbeeren gibt, die Mäler vor Schlafengehen mit zerdrückten Erdbeeren überstreichen und morgens darauf wieder mit Erdbeerwasser abwaschen; dieses vertreibt nach längerem Gebrauch alle Flecken des Gesichts.

Gegen Mundfäule

1 Teelöffel Schafgarbenblüte, 2 Teelöffel Salmiakgeist und für 80 Pfg. Seifenspiritus. Mit dieser Mischung wird das Gesicht abends mit einem Flanelläppchen abgerieben und nach 10 Minuten mit lauem Wasser abgespült.

Gebrannten Alaun pulverisiert und gesiebt, mit Honig vermischt, das Zahnfleisch 3—4 mal täglich damit bestrichen, hilft gewiß, und wenn schon Löcher in dem Zahnfleisch und Backen wären. Oder: Brombeerblätter und ein wenig Alaun in Wasser und Wein gesotten und den Mund fleißig damit ausgespült. — Oder: Saft von ausgepreßten Hauswurzelblättern mit ebensoviel süßem Milchrahm gut untereinander vermischt und den Mund öfters damit bestrichen.

Milz- und Leberverhärtung

Tausendgüldenkraut, Cardobenediktenkraut, Kerbelkraut, Großklettenwurz, Schwalbenwurz, Alantwurz, Graswurz, Giftwurz; von jedem dieser Spezies eine Hand voll.

— Sennesblätter ohne Stiele 15 Gramm, die Fäserchen von der schwarzen Nießwurz 12 Gramm, Lerchenschwamm 12 Gramm, Tamariskenrinde 8 Gramm, Eschbaumrinde 8 Gramm, Weinsteinsalz 4 Gramm. — Dieses alles wird klein geschnitten, gestoßen und eine hinlängliche Quantität alter weißer Wein darüber gegossen und täglich 1—2 Gläschen davon getrunken.

Kapern bekommen dem Magen am besten; man muß sie zuvor quellen, hernach mit Essig und Baumöl auftragen. Solches öfters gegessen, machen die Milz klein, reinigen das Haupt und das Blut, vertreiben das Hüftweh.

Bittere Mandeln bekommen den Milzkranken sehr gut.

Oder Mennigsamen, 6—7 Gramm und darauf geschwitzt, je öfters, desto besser ist es für das Milzweh.

Hirschzungenwasser, 40 Tage unausgesetzt getrunken.

Magenstärkendes Mittel, Aufstoßen usw.

Man nehme ein halbes Liter guten Franzbranntwein, tue 20 Gramm Quassia und 10 Gramm gestoßenen Rhabarber, lasse dies 2—3 Tage in der Sonne oder auf dem warmen Ofen destillieren und trinke dann 1 Stunde vor dem Mittagessen und vor dem Abendessen ein kleines Gläschen davon. Probat und sehr gut bewährt.

Masern

fieberhafte, durch eigentümlichen Hautausschlag charakterisierte Krankheit, namentlich im Kindesalter, entsteht infolge von Ansteckung 12 Tage nach derselben, beginnt mit Frösteln, starkem Husten, Schnupfen, Tränen der Augen, nach weiteren 3 Tagen stärkeres Fieber, mitunter Irrereden, rote Flecken mit kleiner Erhöhung in der Mitte, zuerst im Gesicht, dann nach abwärts über den ganzen Körper; mit dem Hautausschlag erreicht das Fieber die größte Höhe und mit dem allmählichen Erbleichen verschwindet es. Etwa 6 Tage später beginnt die Haut zu schuppen und die Heilung erfolgt unter Verschwinden des Katarrhs.

Tödlicher Ausgang kann durch hohes Fieber, Krämpfe, Lungenentzündung, Hautbrand und sich an den Maserhusten anschließende Lungenschwindsucht erfolgen.

Man lege die Erkrankten ins Bett, sorge für reine, 15 Grad warme Luft, verdunkle, um Augenentzündung zu verhüten, das Zimmer und schreite gegen enorm hohes Fieber mit fiebermildernden Mitteln ein, ganz wie bei der Behandlung des Scharlachfiebers angegeben.

Magengeschwür

wird beseitigt, wenn man Umschläge von heißem Kartoffelbrei öfters vornimmt und längere Zeit Honig genießt.

Magenleiden, bitter Aufstoßen

Es ist anzunehmen, daß in diesem Falle die Galle in den Magen getreten ist und werden hier nur Gallenextraktpillen angewendet, welche in jeder Apotheke zu haben sind. Jeden Abend ein Stück vor Schlafengehen.

Sicheres Rezept gegen Magenleiden und Hartleibigkeit

Kalmus, Muskatblumen, Zitterwurz, Alaitwurz und Pimpinelle, von jedem ein Lot. Weißen Ingwer, Zimt,

Galgant, Gewürznelken, Hirschzungenblätter, Ehrenpreis, Cardobenedikt und Tausendgüldenkraut, von jedem 2½ Lot, Anis, Kümmel und Petersiliensamen, von jedem 3 Quent, Wacholderbeeren 1½ Lot, Sennesblätter ohne Stiel 6 Lot, Rhabarber 3 Lot, Fuchslunge 1 Lot, Kandiszucker 1 Pfd. Dies alles zu einem Pulver gestoßen und gemischt oder gleich in der Apotheke zusammensetzen lassen. — Eine halbe Stunde vor dem Mittagessen und eine Stunde vor dem Schlafengehen je 4 Messerspitzen voll in Wasser oder Wein eingenommen, heilt inwendig alles aus.

Magengeschwulst und Husten

Man nimmt den ersten Tag einen Löffel voll ausgepreßten Saft von grünem Korn, den zweiten Tag einen Löffel voll Wermutsaft und den dritten Tag einen Löffel voll Rettichsaft. In dieser Ordnung fährt man vier Wochen lang fort, worauf sich die Magengeschwulst gehoben und der Husten aufgehört hat.

Verschleimter Magen

Man reibt Meerrettich in ½ Liter guten Kornschnaps und schüttelt es gut durcheinander und genießt täglich einen Eßlöffel davon.

Magenschmerzen

werden durch eine Messerspitze voll doppeltkohlensaures Natron oder 15 Tropfen Wermuttinktur beseitigt oder täglich zweimal einen Löffel Dr. Schöpfers Hien-Fong-Essenz einnehmen. Auch warme Butter einreiben ist sehr dienlich.

Nasenbluten

Wenn das Nasenbluten nicht ganz übermäßig ist und dadurch lebensgefährliche Ohnmachten usw. zu befürchten sind, so muß man es gar nie zu stillen suchen, da es gewöhnlich eine Naturhilfe ist und mehr Nutzen als Schaden bringt; wenn es aber zu oft wiederkehrt oder die Folge eines Schlages oder Stoßes ist, so muß es so schnell wie möglich wieder gehemmt werden. — Das einfachste Mittel ist, vermittels einer Sonde ein kleines Stückchen Charpie oder weiche Leinewand, die in eine Auflösung von Alaun oder auch nur in kaltes Wasser getaucht wird, in das Nasenloch zu bringen. Oder: Eine Spinnwebe in ein Nasentuch getan und vor die Nase gehalten.

Nervenfieber, genannt Influenza

Man spüle so häufig wie möglich den Mund, die Gurgel und die Nasenhöhlen mit leicht essigsaurem Wasser aus. Dadurch sollen von diesen Stellen die organischen Stoffe entfernt werden, welche auf denselben faulen und von da aus den Organismus vergiften. Gewöhnlich braucht man hierfür einen Liter Gerstenschleim, 100 Gramm gewöhnlichen Essig, 120 Gramm Honigsaft. Mit dieser Mischung gurgle sich der Kranke anfangs zweimal nacheinander, wasche sich damit den Mund tüchtig aus, tauche hierauf einen kleinen Schwamm hinein und sauge von der Feuchtigkeit soviel wie möglich durch die Nase ein. Die Waschungen wiederhole man bei Tage wenigstens alle ½ Stunden und des nachts, so oft der Kranke erwacht. In den ersten 8 Tagen der Krankheit, wenn noch keine Entkräftung eingetreten ist, lassen sich die Patienten und sogar die Kinder dieses Verfahren gern gefallen, ja sie empfinden bald Bedürfnis danach. Später sollen die Personen, welche die Kranken verpflegen, diesen fortwährend das Zahnfleisch, sowie die Zunge waschen und den feuchten Schwamm ihnen unter die Nase halten. Wird jedoch die Methode gleich anfangs bei den ersten Symptomen angewendet, dann nimmt die Krankheit gewöhnlich keinen schlimmen Verlauf und werden sogleich die Patienten selbst die obigen Vorschriften ausführen können.

Nieren- und Blasengeschwür

15 Gramm zart geriebener Zucker und 15 Gramm Wallrat wird mit 20 Gramm Anisöl untereinander gerieben und von Zeit zu Zeit 4 Gramm in einer warmen Suppe eingenommen. — Oder: Weißes Baumöl oder Leinöl öfters mit Suppe eingenommen.

Nieren- und Blasenentzündung

15 Gramm geschälte Mandeln, 8 Gramm Mariendistelsamen, Kerbelkrautwasser, Ehrenpreiswasser und Skabiosenwasser, von jedem 60 Gramm, werden wie man gewöhnlich eine Mandelmilch bereitet, zu einer Milch gemacht. Ist nun die Milch zubereitet, so kommen noch 2 Gramm Pfirsichsteine und 30 Gramm Eibischsaft hinzu. Dieses wird nun alles gehörig untereinander vermischt, vor dem Gebrauch jedesmal tüchtig aufgeschüttelt und 3—4 mal eingenommen.

Ohnmachten

Nur schnell kaltes Wasser ins Gesicht gespritzt oder starken Weinessig vor die Nase gehalten und Schläfe, Gesicht, Hände und Füße damit gewaschen, auch alle anliegenden Kleidungsstücke, Halstuch und Strumpfbänder geöffnet und den Ohnmächtigen an die frische Luft gebracht oder vermittels eines Fächers oder Pappendeckels frische Luft in das Gesicht geweht.

Ohrensausen

In ein kleines Brötchen läßt man Wacholderbeeren backen; so wie es nun aus dem Ofen kommt, schneidet man es warm zur Hälfte voneinander, gießt schnell etwas starken Branntwein auf jede inwendige Hälfte und hält das Innere von dem Brötchen, so warm man es eine gute Weile leiden kann, an jedes Ohr fest. — Auch ist es gut, wenn man den Kopf so lange bedeckt, bis sich ein leichter Schweiß zeigt. Dieses wird einigemal wiederholt.

Baumwolle an die Ohren getan, die zuvor bei Bisam gelegen oder mit Perubalsam übergossen ist.

Lorbeeren in Wein gesotten und durch einen Trichter den Dampf in die Ohren gehen lassen.

Rettichsaft in die Ohren getan.

Kalte Waschungen des Hinterkopfes, sowie auch heiße Fußbäder.

Podagra

Pulverisierten Alaun mit Eiweiß gut untereinander gerührt und im hitzigen Podagra übergelegt, bringt große Linderung.

Man esse, solange es Erdbeeren gibt, jeden Tag nach Appetit (auch mit Wein und Zucker) und setze diese Kur einige Jahre fort.

Rosmarin

Der gewöhnlich in Töpfen gepflanzte, wenig beachtete Rosmarin hat große Kraft und wird deshalb auch einiges zur Benutzung angeführt.

Wenn man wenig Appetit hat, so siede man die Blätter in Wasser, vermische es unter Wein und weiche Brot darein.

Blätter und Blüten in Wasser gesotten und getrunken, auch das Haupt damit gewaschen, stärkt das Gedächtnis.

Die Blätter in Ziegenmilch gesotten, über Nacht stehen lassen, den anderen Tag dieselbe getrunken, kuriert die Schwindsucht.

Drei Morgen nacheinander nüchtern von den Blüten mit ein wenig Roggenbrot gegessen, dient der Gesundheit vortrefflich.

Die Blüten klein zerhackt, in ein Glas getan, rektifizierten Branntwein daran gegossen und 40 Tage daran stehen gelassen. Davon kann man nun einnehmen und schwache Glieder damit waschen; es stärkt sehr, schützt gegen Schlagflüsse und Ohnmachten und ist sehr gut gegen einen schwachen Magen.

Blätter und Blüten mit Branntwein angesetzt und den Kopf damit gewaschen, ist ein gutes Mittel gegen Ausfallen der Haare.

Rose

Huflattichblätter in heißem Wasser gebrüht und aufgelegt sind ein gutes Heilmittel auch gegen böse Geschwüre.

Vorzügliches Mittel gegen Ruhr und Durchfall

Man nehme getrocknete und gekochte Heidelbeeren, auch Blaubeere oder Schwarzbeere genannt, mit Wein und Zucker schmackhaft gemacht; dieses ist so heilsam, daß man es sogar für ein Präservativ gegen Ruhr und Cholera gebrauchen kann. Es stopft nicht, sondern stärkt nur die inneren Teile. Sogar Säuglingen darf von dem Saft gereicht werden, wo man gleich die gute Wirkung verspüren wird. Man kann auch die Heidelbeeren frisch zerquetschen, mit gutem, roten Wein und Zucker stark einkochen, davon warm täglich 3—4 mal eine halbe Tasse voll trinken, und dabei den Unterleib mit wollenen

Tüchern, welche in erwärmten Branntwein eingetaucht werden, mäßig warm halten.

Gegen Rücken- und Lendenschmerz

Nimm die Wurzel vom Wollenkraut, stoße sie rein zu Pulver, lege sie in Wein und lasse sie 24 Stunden darin stehen, danach seihe man den Wein und trinke 24 Gramm auf einmal davon, so wird dir das Lenden- und Rückenweh nicht mehr ankommen.

Gegen Rachenkatarrh

Bei Rachenentzündung jeden Grades, bis hinauf zum Rachendiphtheritis, kann man folgendes Halspulver erfolgversprechend anwenden: 10 Gramm Alaun, 10 Gramm Zinkvitriol, 1 Gramm Gummiarabikum. Mittels eines Haarpinsels, den man, damit das Pulver besser haftet, zuvor anfeuchtet, wird die Bepinselung je nach Bedürfnis täglich mehrere Male oder auch nur wöchentlich ein- bis zweimal vorgenommen.

Rheumatismus, Fluß, Gliederschmerzen, auch Reißen genannt

Verschiedene Erkrankungen mit heftigem Schmerz in den Gelenken oder Muskeln, meist nach Erkältung. Der akute Gelenkrheumatismus verläuft mit hohem Fieber, Schmerzhaftigkeit und Schwellung der verschiedensten Gelenke, betrifft meist Menschen in den jüngeren Jahren; im Gefolge oft Herz- und Gehirnerkrankungen. Behandlung des Rheumatismus: man verhindere, daß der Körper direkt mit Federbetten in Berührung kommt, viel Schwitzen (Einreibung von flüchtigem Liniment*), Bepinseln der kranken Gelenke mit Jodtinktur, nachher wickle man dieselben in Watte ein.

---

*) Besteht aus ½ Salmiakgeist, ½ Speiseöl, vor dem Gebrauch schütteln und mit gutem Korkverschluß aufbewahren.

Gegen Schlaflosigkeit

Bei hartnäckiger Schlaflosigkeit, mag sie nun durch Gemütsleiden oder durch Schwäche der Verdauung veranlaßt sein, halte man sich im Bett ein Fläschchen mit reinem Kornbranntwein bereit, benetze die Hand und, damit keine Erkältung eintritt, zuerst die Gegend unter dem Brustbein, dann die inwendige Seite der Schenkel und zuletzt die Fußsohlen und besonders die Fußzehen, worauf sich bald ein stärkerer Schlaf einstellen wird. Gehörige Arbeit in freier Luft, sowie der Gebrauch des Lebenspulvers und Diät schützen gegen dieses Leiden.

Schwindel

Man nehme einen Viertelliter Spitzwegerichsaft, rühre darunter für 1 Mark Honig und nehme alle Morgen einen Eßlöffel davon.

Schwindsucht

Nimm Melissen, Andorn, Ehrenpreis, roten Beifuß, Salbei und Krauseminze, jedoch gleichviel und siede es in Wein; morgens und abends ein Glas davon getrunken, das hilft.

Ein Geheimnis wider alte und unheilbare Schäden in den Beinen

In solchen alten Schäden, welche gar nicht heilen wollen, befinden sich meistens eine Art Würmer, die so verborgen sind, daß man sie nicht entdecken kann, und welche die Heilung gänzlich verhindern. Dagegen bediene man sich folgenden Mittels, welches schnelle und untrügliche Hilfe verschafft; man nehme eine starke Hand voll Eichenrinde und Zinnkraut und lasse dieselben in

1 Liter Weißwein in einem neuen Topf 10 Minuten kochen. Diesen Wein gießt man stundenlang in die Wunde und während dieser Zeit gehen die Würmer als Maden heraus. Sodann heilt man das Bein wie jede andere Wunde.

Mittel gegen Spulwürmer, Askariden und andere Eingeweidewürmer

Man trinke mehrere Tage hintereinander Salzwasser (ein Glas Wasser und einen großen Teelöffel voll Salz hineingeschüttet) und verschlucke mehrere Tage nacheinander des Morgens einen Eßlöffel voll Baumöl. Auch ausgepreßten Mohrrübensaft nüchtern morgens und abends vor dem Schlafengehen, jedesmal eine halbe Obertasse voll getrunken, ist ein gutes Mittel dagegen. — Geschmolzenes Weinsteinsalz, alle Morgen, nach Verschiedenheit des Alters, 10 bis 15 Tropfen mit Wasser eingenommen, entfernt den Wurmschleim samt den Würmern. Wenn die Laxans vorüber ist, trinke man einige Tassen Kamillentee.

Schnupfen

Fleißiges Schnupfen von Brunnenwasser und Waschungen der Stirn und des Nackens mit demselben. Das häufige Hinaufschnupfen von frischem Quellwasser allein leistet oft gute Dienste, namentlich wenn man dabei öfters ins Freie geht.

Ein Schwämmchen mit Salmiakgeist angefeuchtet und in einem gutschließenden Gefäß bereit gehalten und öfters daran gerochen.

Fein gepulverten weißen Zucker geschnupft, oder, was noch besser ist, man werfe gestoßenen Zucker auf eine glühende Kohle und lasse den Rauch vom Zucker in die Nase ziehen.

Unterleibsschmerzen

Bei Choleraanfällen und Unterleibsschmerzen lasse man, ehe der Pfefferminztee mit sprudelndem Wasser angebrüht wird, zuvor einige Tropfen Kirschengeist auf den Tee fallen, hernach schnell abgebrüht und gut zugedeckt stehen lassen, bis er kälter geworden, hernach getrunken.

Urin

Wenn man ein Schneiden beim Lassen des Urins spürt, so trinke man ganz guten spanischen Wein mit Wiesenkümmel oder Wacholderbeeren.

Trinken von Hanfsamenmilch, sowie Petersilienwasser.

Verstopfung

Personen mit hämorrhoidalischer Anlage, die immer an Hartleibigkeit leiden, dabei aber eigentlich noch einen guten Magen und eine kräftige Verdauung haben, mögen von einer Mischung von gleichen Teilen gestoßenem Zucker und Cremor-tartari abends und früh jedesmal zwei Kaffeelöffel voll, in Wasser aufgelöst, nach und nach trinken (aber ohne Bodensatz), auch ein paar Tassen Kamillentee, eine halbe Stunde hernach bekommen sehr gut. Dieses Mittel hält den Leib offen und vertreibt die Unterleibsschmerzen.

Hämorrhoidalleiden und Blasenkrampf

Man nimmt zu gleichen Teilen Erdbeerblätter und Beerentraubenblätter und bereitet davon einen Tee, so viel man zwischen vier Fingerspitzen fassen kann, darauf gegossen, etwas ziehen lassen und nicht zu heiß morgens nüchtern und abends vor dem Schlafengehen getrunken.

Ohrenschmerzen

Man füllt dasjenige Ohr, worin man Schmerzen hat, mit der Flüssigkeit von Salz und Franzbranntwein und läßt es so lange darinnen bis der Schmerz vergangen ist, was gewöhnlich schon in 10 Minuten der Fall ist. Auch kann man ein wenig Baumwolle in die Flüssigkeit tauchen und in die Ohren leicht drücken.

Typhus

Der Typhus ist die gefährlichste Art des Nervenfiebers.

Große Reinlichkeit und tägliches Abwaschen des Körpers mit kaltem Wasser sind als Vorbeugungsmittel sehr gerühmt.

Es ist gut, wenn man beim Besuche ansteckender Kranker Nelken, Zibeben, Kalmus, Zitronenschalen, Pomeranzenschalen oder überhaupt etwas Aromatisches kaut.

Mit Erfolg angewendet:

Tausendgüldenkraut, Kratzbeerkraut und kleine Kamillenblüten untereinandergemischt und eine halbe Tasse solchen Tee versüßt getrunken.

Sprödigkeit und Aufspringen der Hände

Aufgesprungene Hände zu heilen, nehme man 15 Gramm Johannisöl und 60 Gramm weißes Wachs, das man schmilzt und beides vermischt, womit man die Hände einreibt; überhaupt beugt man dem Übel dadurch sicher vor, wenn man die Hände nach erfolgtem Waschen recht rein abtrocknet. — Einreiben mit Zinksalbe ist auch gut.

Verrenkung oder Verstauchung

Man mische Pappelsalbe und Lorbeersalbe, von jeder gleich viel, etwa für 50 Pfg., untereinander, reibe den geschwollenen Teil täglich drei- dis viermal damit ein und lasse es an der Wärme eintrocknen. Gerade nicht zuviel auf einmal und auch nicht zu stark gerieben. Oder: Sogleich ununterbrochen Umschläge von frischem Brunnenwasser gemacht.

Warzen an den Händen

Dieselben öfters des Tages mit Lauge gewaschen und gerieben; namentlich wirksam ist auch das Ablöschwasser von einem Bäcker oder Schmied. Die Warzen werden bei längerem Gebrauch ganz erweicht und können nach und nach weggedrückt werden.

Wenn Tiere ganz mit Warzen oder Flechten überdeckt sind, so ist das sicherste Mittel Fischtran, Lebertran, mit welchem man die kranken Stellen täglich zwei- bis dreimal einreibt und zirka 14 Tage damit unausgesetzt fortfährt.

Wasserlassen, schmerzhaftes

Man zerstoße eine kleine Hand voll Hanfsamen so klein als möglich, bindet ihn in reine Leinewand, aber nicht fest, brüht ihn mit heißem Wasser an und läßt es noch ein wenig kochen — alsdann wohl ausgedrückt und nach Appetit lauwarm oder kühl getrunken.

Wacholdergeselz mit lauem Wasser verdünnt, täglich getrunken, wirkt auch gegen Gelbsucht und alle Krankheiten, die zwischen Haut und Fleisch ihren Sitz haben. Oder: Petersilienwurzeltee ist vorzüglich.

Wurm am Finger

Nachdem man einen Blutegel in die Nähe der schmerzenden Stellen gesetzt hat, tauche man sodann den Finger in starken Branntwein.

Das Eintauchen des Fingers oder der ganzen Hand in kaltes und hierauf in warmes Wasser, so warm man letzteres zu ertragen vermag, lindert die Schmerzen.

Man stecke den bösen Finger in ein aufgeschlagenes frisches Ei.

Warme Breiumschläge aus Semmeln, Milch und etwas Leinöl lindern die Schmerzen und beschleunigen den Aufbruch.

Bartflechte

Man legt auf die erkrankte Stelle täglich ein- bis zweimal Dampfkompressen (2 Stunden hindurch), die nach je 20 Minuten zu wechseln sind. Außerdem ist der Gesichtsteil mit gutem Olivenöl einzureiben. Es gibt eine einfache und eine durch Parasiten verursachte Bartflechte. Letztere ist übertragbar. Die erkrankten Barthaare kann man mit einer Pinzette (Federzange) entfernen. Mehrtägige Einreibung mit Zitronensaft und Alaun hilft sicher.

Zahnpulver

Das unschädlichste Pulver zur Reinigung der Zähne kann bereitet werden aus zwei Teilen Lindenkohlen und einem Teil Salbei, welches man so fein als möglich pulverisiert. Gebranntes Brot, sowie auch Kaffeesatz sind ganz unschädlich.

Zahnschmerzen

Ein Pflaster von weißem Senfmehl, weißem Pfeffer und Sirup angefertigt, auf den Backen gelegt, vertreibt den Zahnschmerz in einigen Minuten.

Der stärkste Zahnschmerz verschwindet augenblicklich, wenn man sich etwas Rum in die flache Hand gießt, nachdem man zuvor ein wenig geschabte Kreide hineingetan. Von dieser Lösung ziehe man — noch ehe zuviel Kohlensäure aus der geschabten Kreide entweichen kann — möglichst viel in die Nase. Ist letztere gefüllt, so halte man die Nase eine viertel bis halbe Minute zu, damit das Eingesaugte nicht sofort wieder herauslaufen kann. Fast in demselben Moment, in dem man die Flüssigkeit einsaugt, verschwinden die Zahnschmerzen, gleichviel, welcher Art dieselben sind. Es ist dies natürlich kein Mittel, das den Zahnschmerz für die Dauer beseitigt — ein solches gibt es ja bekanntlich nicht — es hat aber vor allen anderen den Vorzug, daß es fast kostenlos ist und dabei ausnahmslos ganz sicher wirkt.

Unschädliches Mittel, schöne, weiße Zähne zu bekommen

Man nehme junge Weinreben, brenne sie zu Kohlen und reibe diese recht fein zu einem Pulver, dann mische man ein wenig Rosenhonig darunter und reibe die Zähne damit.

Mittel gegen Zahngeschwüre

Man nehme Feigen, Flieder- oder Holunderblumen und Malvenblätter, koche es in Milch und nehme es warm in den Mund; ist das Geschwür sehr schmerzhaft, so ist es nötig, dasselbe zu öffnen. — Nach geschehener Reinigung spüle man den Mund wiederholt mit Salbeiwasser aus, das Geschwür aber selbst bestreiche man mit Rosenhonig.

Wassersucht zu beseitigen

Eine Abkochung von Vogel- und Quitschbeeren, oder von Petersilie und Petersilienwurzel eine Zeitlang zu geben. Das Wasser von Vogelbeeren getrunken, befreite den Sohn eines Försters und trieb das Wasser aus dem schon hoch angeschwollenen Leibe binnen wenigen Tagen. Das Petersilienwasser hingegen heilte eine Brustwassersüchtige.

Gegen Nervenzahnweh, Rheumatismus usw.

Ein geschärftes Pechpflaster aus der Apotheke im Preise von 150 Pfg. auf den Rücken zwischen die Schulterblätter gelegt und so lange liegen gelassen, bis es sich selbst löst. Da es oft sehr kitzelt, ist zu raten, nicht zu reiben, weil sich sonst ein brennendes Gefühl einstellt, woran man selbst schuld wäre. Wenn es nach langer Zeit wegfällt, kann man besser unten, nicht auf dieselbe Stelle, ein frisches auflegen. Es schützt auch namentlich gegen Erkältung und ist ein vorzügliches Mittel bei Gliederreißen, Rückenweh, Ohrensausen, Kopfweh, Hämorrhoiden und bei sogenannten blauen Ringen um die Augen.

Es gibt viele, die das ganze Jahr ein Pechpflaster auf dem Rücken tragen und geniert später auch durchaus nicht mehr, auch ersetzt es bei vielen ein Fontanell.

Einen starken Baldriantee mit Zucker und Zitronensaft vermischt, aber soviel, daß er süß genug ist, getrunken, ist beim Nervenzahnweh auch sehr zu empfehlen.

Wenn der Zahnschmerz von einem Fluß herrührt, so nimmt man gestoßenen Pfeffer, desgleichen Zucker und Salz, von jedem eine Messerspitze voll und läßt diese Mischung in einem blechernen Löffel über dem Lichte zusammenschmelzen, legt kleine Kügelchen davon auf den schmerzverursachenden Zahn und wiederholt dies von Zeit zu Zeit. Der Mund wird dadurch voll Wasser, welches ausgespuckt werden muß.

Bei krankem, angeschwollenen Zahnfleisch lasse man für 100 Pfg. Myrrhenessenz holen und befeuchte oft dasselbe damit. Man kann auch die Zahnbürste in laues Wasser tauchen, von dieser Essenz darauf träufeln oder davon ins Wasser gießen und den Mund damit längere Zeit ausspülen. Wenn auch davon unversehens geschluckt wird, schadet es durchaus nichts. Überhaupt kann man sich immer an dieses Stärkungsmittel halten. — Bei heftigen Zahnschmerzen, wenn von hohlen Zähnen herrührend, befeuchte man etwas Baumwolle mit Hoffmannschen Tropfen und bringt sie in den hohlen Zahn, worauf es häufig sogleich besser wird. — Bei diesem Mittel gehen dann auch die Zahnsplitter leichter aus.

Das hier folgende Rezept erschien im „Schwäb.Merkur" im Jahre 1849 in Nr. 18, 21. Januar, und lautet: Als ein für Zahnwehkranke, deren Leiden von angebrochenen Zähnen kommt, wichtiges, in sehr vielen Fällen erprobtes und dabei wohlfeiles Mittel, wodurch alles Ausziehen der Zähne oft unnötig gemacht wird, kann folgendes aus vielfacher Erfahrung empfohlen werden: 4 Gramm pulverisierten Alaun, 16 Gramm versüßten Salpeterspiritus (etwa 150 Pfg. wert) wohl gemischt und mit Baumwolle öfters in den Zahn gelegt. In kurzer Zeit wird hierdurch das Zahnweh, ohne daß die übrigen Zähne darunter leiden, gehoben sein.

Frostbeulen

Als wirksames Mittel gegen Frostbeulen kann folgendes empfohlen werden. Man löse eine walnußgroße Menge Chlorkalk in einer kleinen Menge heißen Wassers auf. Die Lösung seihe man durch ein feines Stück Zeug und verdünne sie dann mit etwa 1 Liter warmen Wassers. In dieser Flüssigkeit bade man die mit Frostbeulen behafteten Hände oder Füße und schon nach kurzem Gebrauch werden die Frostbeulen verschwinden.

Mittel gegen den Hustenreiz

Man kocht eine große Zwiebel mit einem doppelt so großen Stück Kandiszucker und ganz wenig Wasser, bis es sirupähnlich geworden, und nimmt davon in kurzen Zwischenräumen einen Teelöffel voll. Statt der Zwiebel ist auch der Saft einer gelben Rübe verwendbar. Ein bekanntes Hausmittel, besonders für Kinder, besteht darin, daß man in einem Blechlöffel Syrup kocht und diesen, nachdem er sich etwas abgekühlt hat, trinken läßt.

Gegen rheumatische Gelenkschmerzen

empfiehlt sich eine Einreibung aus 30 Gramm Kampfer in 30 Gramm Terpentinspiritus.

Hautjucken

Gegen dieses lästige Leiden, das nicht selten ältere Personen befällt, allen Schlaf raubt, den Kranken siech und elend macht und meist sehr hartnäckig ist, bringt zuweilen die Einreibung mit Glyzerin und Bestreuung der Stelle mit Stärkemehl Erleichterung. Noch wirksamer aber ist das Einreiben mit Kokosnußöl.

Eingewachsene Fingerringe zu entfernen

Um einen eingewachsenen Fingerring zu entfernen, nimmt man ein schmales Gummibändchen und wickelt dasselbe dicht und fest um den Finger, bei der Fingerspitze anfangend, bis zu dem Ring, so daß kein Zwischenraum bleibt; darauf hält man die Hand gerade in die Höhe und in wenigen Minuten wird die Geschwulst wesentlich vermindert sein. Das Band wird dann rasch abgenommen und sofort wieder angelegt, die Hand nochmals in die Höhe gehalten, worauf, wenn nach 5 Minuten das Band wieder entfernt wird, der Finger dünn genug sein wird, daß der Ring abgezogen werden kann.

Glyzerin als Gurgelwasser

dürfte nur wenigen bekannt sein. Ein Teelöffel reinen Glyzerins wird in einem Glase mit heißem Wasser einige Minuten stehen gelassen. Hiermit gurgelt man alle zwei Stunden. Heiserkeit und Halsschmerzen werden nach Gebrauch dieses Mittels in drei Tagen verschwinden; das Angenehme bei demselben ist, daß es keinen Reiz im Halse verursacht und keinen unangenehmen Geschmack hinterläßt.

Appetitlosigkeit

Gegen die Appetitlosigkeit bei sonst gesunden Kindern bildet das gerbsaure Orexin ein ausgezeichnetes Mittel. Dasselbe ist ganz neu. Man gibt etwa zwei Stunden vor dem Mittag und dem Abendessen je ein Pulver von einem halben Gramm. Bis zur Mahlzeit darf alsdann außer Wasser nichts genossen werden. Dieses setzt man zunächst 5 Tage lang fort (man braucht also 10 Pulver) und wartet dann den Erfolg ab. Läßt dieser zu wünschen übrig, so wiederholt man die Anwendung noch einmal 5 Tage lang. Das Mittel befindet sich übrigens auch in Form von Schokoladenplätzchen im Handel, die je ein Viertelgramm enthalten, von denen man also jedesmal 2 Stück (im ganzen 20) verabfolgen muß. Diese werden von Kindern, die sich gegen die Pulver sträuben, gern genommen.

Hautausschlag

Gegen den Hautausschlag mit Bläschenbildung bei Kindern empfiehlt es sich, alle Abende von folgender Lösung aufzupinseln: Tannin 1 gr, Zinkoxyd 5 gr, Weizenstärke 8 gr, Resorcin 1 gr, Glyzerin 10 gr, destilliertes Wasser 25 gr. Zur Nacht werden Handschuhe übergezogen.

Seitenstechen

ist nicht immer Symptom der Brustfellentzündung, sondern es tritt auch ohne Fieber und Husten auf und ist dann die Folge von Blähungen oder verdorbenem Magen. Diese Art des Seitenstechens wird bekämpft durch Kümmel- oder Pfefferminztee, Magenpflaster, Reiben der Magengegend, Spazierengehen.

Gegen Nachtschweiß

trinkt man vor dem Schlafengehen kalten leichten Tee aus Salbeiblättern; auch ein Glas Milch mit Beigabe von einem Löffel Kognak ist sehr gut gegen angeführtes Übel.

Handschweiß

Dieses höchst lästige, bei feinen Handarbeiten, beim Klavierspielen, Zeichnen und — Händedruck höchst unangenehme Übel muß teils örtlich, teils durch allgemeine, die Haut stärkende Mittel beseitigt werden. Zu dem ersten Mittel gehören: Täglich mehrmalige Waschungen der Hände mit Eichenrindenabkochung oder Alaunlösung. Vor dem Schlafengehen starkes Bestreuen der Hände mit folgendem Pulver: Salizylsäure 3 gr, Stärkemehl und Zinkweiß je 10 gr, präpariertes Talkum 90 gr, worauf die Hände mit Binden umwickelt werden. Stärkung der Haut wird durch alltägliche Abreibungen des Körpers mit kaltem Wasser vom Kopf bis zum Fuß erzielt.

Darmleiden

Die Krankheitserscheinungen von Darmleiden sind sehr verschieden, je nachdem der eine oder der andere Teil des Darmes davon ergriffen ist. Der Zwölffingerdarmkatarrh bewirkt Appetitlosigkeit, Verfettung, Gelbsucht. Mittlerer und unterer Dünndarmkatarrh: kollernde Empfindung im Leibe und wässerige Stuhlentleerungen, Dickdarmkatarrh: kolikartige Bauchschmerzen und schleimige Stuhlentleerungen, endlich der Mastdarmkatarrh: Stuhldrang, Verstopfung, sowie brennende Schmerzen im After. Diese Katarrhe können sich als akute, fünf bis acht Tage, oder als chronische abspielen, Wochen, Monate, ja sogar Jahre andauern.

Bei hartnäckigem Abweichen gebe man Gerstenschleim, Reiswasser, Reisschleimsuppe, Eichelkaffee, Heidelbeerwein, dazwischen Abkochungen von Eichenrinde. Vor- und nachmittags mache man dazwischen ein bis zwei Stunden Leibumschläge von 22 Grad R., bei kalten Füßen Fußdampfbäder mit warmen Kruken. Täglich eine Abwaschung des ganzen Körpers von 22 Grad R.

Schwere Geburt zu beseitigen

1. Wenn die Wehen beseitigt sind, so siede man 3—5 frische Hühnereier ziemlich hart im Wasser und gebe einige Tassen von diesem Wasser zu trinken.

2. Warmen Wein oder warmes Bier, mit ein wenig Zimt und Safran zubereitet, getrunken. Dieses Mittel ist aber nur bei wahrer Schwäche anzuwenden, bei Vollblütigkeit und Neigungen zu Entzündungen aber sehr schädlich und gefährlich.

3. Einige Wochen vor der Niederkunft täglich einige Löffel voll weißes Baumöl genossen, auch in und um

die Geburtsteile mit Gänse- oder Hühnerfett oder auch mit Süßmandelöl warm eingerieben.

Geburt

Wenn eine Frau nach derselben nicht harnen kann, Heidnisch-Wundkraut in einem irdenen Topf mit Wein einige Minuten gesotten, und wenn es erkaltet, der Frau zu trinken gegeben, oder mit warmem Baumöl die Blasengegend eingerieben.

Menstruation, verstopfte

Um das Monatliche sogar in sehr schwierigen Fällen wieder in Ordnung zu bringen, siede man frische oder gedörrte Quittenschnitze (stets vorrätig in jeder Apotheke) in einem guten, alten Wein und wohl zugedeckten irdenen Gefäß so lange, bis der Wein von den Quitten recht kräftig wird, hernach trinkt man morgens nüchtern und abends vor Schlafengehen ein kleines Trinkglas voll davon.

Kinderkrankheiten

Säuglinge müssen warm gehalten werden und das um so mehr, je jünger sie sind. Sie müssen reinlich gehalten und deshalb nicht blos 6 Wochen lang täglich gebadet werden, sondern auch fortwährend mit reiner Leibwäsche versehen sein. Man muß endlich darauf Bedacht nehmen, die Luft in der Kinderstube rein zu erhalten und so oft als möglich zu erneuern. — Nach Verlauf der ersten sechs Wochen geht man von den warmen Bädern zu lauwarmen Waschungen des ganzen Körpers über und je älter das Kind wird, desto kühler richtet man allmählich diese Waschungen ein. Dies und der tägliche Genuß der freien Luft, wenn nicht im ersten

Lebensjahre auffallend rauhe, naßkalte, stürmische Witterung davon abhält, sind die zweckmäßigsten Abhärtungsmittel des kindlichen Körpers, dem so vorbereitet, Flüsse und Katarrhe fern bleiben werden. — Auf den Scheintod neugeborener Kinder ist jede Hebamme hinlänglich vorbereitet. — Die Blutgeschwulst, welche am Kopfe neugeborener Kinder infolge von schweren Entbindungen entsteht, verliert sich gewöhnlich in kurzer Zeit von selbst. Wo nicht, so bedarf es der ärztlichen Hilfe. Branntweinumschläge, wozu unwissende Hebammen raten, können das Kind töten. — Die Gelbsucht kommt bei neugeborenen Kindern zwar häufig vor, ist aber trotzdem für das Wohlbefinden derselben nichts weniger als notwendig. Sie schadet vielmehr, ebenso wie die Schwämmchen, dem Gedeien der Kinder um so eher, je länger sie anhält. Sie entsteht durch Erkältung, am häufigsten durch Erkältung in nassen Windeln. Vollständig unschuldig ist daran, ebenso wie an Leibschmerzen neugeborener Kinder, das sogenannte Kindspech; und man sorge sich also nicht wegen Ausleerung dieses Stoffes. Das Kind muß warm gehalten, lieber zwei- als einmal täglich eine halbe Stunde lang gebadet und seiner verunreinigten Leibwäsche immer so schnell als möglich entledigt werden.

Beim Wundsein weiß jede Mutter, daß sie die Reinlichkeit zu verdoppeln und die wunden Stellen mit Bärlappsamen (Streupulver), Kartoffeln oder dergleichen einzupudern hat. Entstehen tiefe Geschwüre, so bedarf es ärztlicher Behandlung.

Gegen Bauchschmerzen

(besonders bei Knaben) wird eine Hand voll Kümmel mit ungefähr 60 Gramm Rindsschmalz geröstet, hernach durch Leinewand in frisches Wasser gepreßt; daß auf dem Wasser erkaltete Fett zum Gebrauch aufgehoben und der Bauch damit eingerieben oder gegen Blähungen der Bauch mit Kamillentee eingerieben.

Gegen das schwere Zahnen

Die Backen mit weißem Mandelöl oder mit Ziegenbutter öfters bestrichen, oder die Kinder öfters an wohl geräuchertem Speck nollen lassen.

Beim Gliederzahnen

Wenn die Gelenke anschwellen, so legt man ¼ Pfund Ochsenmark einige Tage in frisches Wasser, welches man einigemal abschüttet und wieder frisches Wasser daran gießt, hernach läßt man das Mark auf einer Glut in einer Pfanne zergehen und gießt unter beständigem Rühren ½ Liter guten, alten Wein daran; wenn man nun glaubt, daß sich der Wein mit dem Ochsenmark gehörig unter beständigem Umrühren vereinigt und gekocht habe, so seiht man die Masse warm durch Leinewand und rührt aufs Neue so lange schnell (wie bei Fertigung einer Pomade), bis es weiß ist. — Das Flüssige, was sich absondert, wird weggeschüttet und das Mark zum Verbrauche gut verbunden aufbewahrt. — Von diesem Fett reibt man alsdann dem Kinde die Gelenke und den Rücken täglich 2—3 mal an der Wärme ein.

Wenn ein Kind hart durch die Glieder zahnt oder es dem Menschen an einem Gliede reißt

Nimm gegen 30 Stück grüne Wacholderbeeren, eine Hand voll grüne oder dürre Holunderblüten, schütte ¼ Liter Branntwein daran, schmiere damit dem Kinde die Fußsohlen und Gangadern, oder wo es sonst reißt.

Abzehrende Kinder

Für die abzehrenden Kinder ist Milch das beste Nahrungsmittel; nur muß man nicht gleich anfangs mit der lauteren Milch kommen, sondern sie mit gleichen Teilen Wasser, etwas Anistee und auf eine Flasche Milch ungefähr einen Fingerhut voll guten Kognak vermischen.

Der Kopfgrind

Der feuchte Kopfgrind, wo ein dicker, hornartiger Schleim aus der Kopfhaut aussickert und dicke, gelbe Kruste bildet, sowie der trockene Kopfgrind, welcher sich durch seinen ranzigen Geruch, durch die Menge des dabei vorhandenen Ungeziefers und dadurch kenntlich macht das in den Haaren des Kranken eine Menge unregelmäßiger brauner Borken von der Größe eines Hirsenkornes hängen, beide sind gleich der Milchborke eine wohltätige Wirkung der Natur, durch welche sie das überfütterte Kind von überflüssigem Nahrungsstoff zu befreien sucht. Man verfahre wie bei der Milchborke und gebe außerdem dem kranken Kinde einmal wöchentlich ein Abführmittel; harte Krusten müssen mit Alteesalbe, Butter und dergleichen abgeweicht, die Haare kurz abgeschnitten, der Kopf mehrmals täglich mit lauwarmem Seifenwasser abgewaschen werden. Andere äußerliche Mittel sind gefährlich; höchstens dürfte man bei stark nässendem Kofgrind eine Salbe aus 12 Gramm gepulverter Holzkohle und aus 35 Gramm Schweinefett anwenden. — Hauptsache bleibt Diät und Reinlichkeit. — Gegen andere Arten von Kopfgrind kann man mit der angegebenen Kur ebenfalls einen Versuch machen; bleibt derselbe aber nach Verlauf von einer Woche ohne Erfolg, dann ist ärztliche Hilfe zu gebrauchen. Es gibt außer den angeführten noch eine Menge anderer fieberloser

Hautausschläge. Wer ihre Heilung allein versuchen will, beschränke sich auf folgendes: Man beachte eine sparsame, wenig nährende Diät, enthalte sich aller geistige Getränke, trinke viel Wasser und fürchte niemals, es in der Reinlichkeit zu übertreiben.

Der Gesichtsgrind (Milchborke)

bekommen die Kinder infolge zu reichlicher Ernährung und fetter Speisen. Meistenteils sehr gutartig, läßt er sich schon durch Beschränkung der Kost, durch reichliche Bewegung in freier Luft, durch den Gebrauch des in Apotheken käuflichen Kinderpulvers (je nach dem Alter des Kindes von einer Messerspitze bis zu einem Teelöffel 4 mal täglich), durch reichliches Trinken von Stiefmütterchentee und häufiges Waschen mit warmem Quellwasser beseitigen.

Krämpfe

Bei schwächlichen, hysterischen Frauen, wenn die Regel wegen Schwäche und zu großer Empfindlichkeit der Nerven nicht durchbrechen will, oder wenn eine Person an krampfhaftem Erbrechen leidet usw., bei schlechter Verdauung — abends vor Schlafengehen eine Tasse kräftigen Kamillentee getrunken. — Ebenso wohltätig, wo nicht kräftiger, wirkt Baldrian bei Mutter- und Brustkrämpfen, dem Nervenschwindel und Nervenkopfweh.

Der Baldriantee entfernt sogar die durch Starrkrampf in das Geblüt eingedrungene Kälte wieder aus demselben und hat die besondere Eigenschaft, daß er das von den Krämpten erkaltete Blut wieder erwärmt und durch Schweiß die Kälte der Krämpfe austreibt.

Für die geeignetste Zeit, denselben zu trinken, halten einige die Mittags- und Abendstunden, etwa gegen 3 Uhr nachmittags und gegen 9 Uhr abends, je 3 obere Tassen lauwarm, aber eine Stunde zuvor und danach darf sonst nichts genossen werden, wenn ein Tee überhaupt wirken soll. Bei Krämpfen und innerlicher Hitze darf man keine erhitzenden Sachen anwenden, weil leicht Nervenleiden daraus entstehen können.

Mittel gegen Maden- und Spulwürmer

Daß ein Kind an Würmern leidet, ist nur dann als sicher anzunehmen, wenn solche (Maden- oder Spulwürmer) wirklich im Stuhl vorgefunden werden. Alle anderen äußeren Kennzeichen sind unzuverlässig. Sind nun wirklich Würmer vorhanden, so verabfolge man dreimal täglich einen Teelöffel voll folgender Medizin: Rizinusöl 20 gr, Santonin 0,2 gr. Außerdem setze man alle Abende ein Klistier von Essigwasser (Essig und Wasser zu gleichen Teilen). Die genannte Medizin färbt den Urin gelb und verursacht auch zuweilen Gelbsehen (alle Gegenstände erscheinen gelb), was aber vorübergehend und gänzlich ungefährlich ist.

Scharlachfieber

Das Scharlachfieber ist eine ansteckende Krankheit, und man hat daher ein Scharlachgift statuiert. Das Scharlachgift, seinem Wesen nach zwar noch unbekannt, ist ein flüchtiges Kontagium, wahrscheinlich in der Ausdünstung der Kranken enthalten und durch Mittelspersonen, welche oft selbst vom Scharlachfieber verschont bleiben, auf andere übertragbar. Von Zeit der Ansteckung bis zum Ausbruch der Krankheit vergehen ungefähr 8 Tage. Wer einmal das Scharlachfieber überstanden, wird selten zum zweiten Male davon heimgesucht. Bei herrschenden Scharlachepidemien bleiben die Säuglinge häufig verschont. Kinder, welche das zweite Lebensjahr überschritten haben, sind für die Ansteckung am meisten empfänglich. Indes werden auch Erwachsene häufig genug vom Scharlachfieber betroffen, wenn sie dasselbe nicht als Kind überstanden. Die Organe, welche beim Scharlachfieber am augenfälligsten erkranken, sind die äußere Haut, die Rachenschleimhaut und die Nieren. Der Scharlachausschlag auf der Haut beginnt mit dem Auftreten zahlreicher kleiner, dicht beieinanderstehender geröteter Punkte, welche alsbald zusammenfließen und eine gleichmäßige gerötete Fläche bilden.

Die Haut ist dabei gleichmäßig angeschwollen, oft glänzend und geglättet. Bei den regulären Scharlachfällen ist auch konstant eine Entzündung der Schleimhaut zugegen und in bösartigen Epidemien nimmt die Halsaffektion nicht selten die Form der diphtheritischen Entzündung, wie bei der brandigen Bräune, an.

Damit verbinden sich dann zuweilen Entzündungen der Nase, der Ohrspeicheldrüsen, der Lymphdrüsen und des Bindegewebes am Hals, welche meist in Vereiterung oder in Brand übergehen. Ganz konstant ist mit Scharlachfieber eine Erkrankung der Nieren verbunden, welche sich durch den Abgang von Eiweiß mit dem Harn und durch Abstoßung der Nierenephitelien zu erkennen gibt. In seltenen Fällen treten andere Erkrankungen, besonders Enzündungen der Gelenke, der seriösen Häute des inneren Ohrs hinzu.

Die reinsten Scharlachfälle, bei welchen neben dem entzündlichen Fieber nur der Hautausschlag, die Rachenentzündung und die Blutüberfüllung der Nieren bestehen, pflegt man als einfaches, normales oder gutartiges Scharlachfieber zu bezeichnen; aber auch dieses stellt immer wieder eine schwere Erkrankung dar.

Das Stadium der Vorläufer (meist 1—2 Tage) beginnt mit wiederholtem Frösteln, seltener mit einem einmaligen Schüttelfrost. Der Kranke bekommt nun das Gefühl brennender Hitze, Brechneigung oder wirkliches Erbrechen, heftigen Kopfschmerz, das Gefühl großer Erschlaffung, eine allgemeine Schmerzhaftigkeit der Glieder. Der Durst ist gesteigert, der Schlaf gestört. Der Puls macht oft jetzt schon 120—140 Schläge in der Minute und die Körpertemperatur hat eine Höhe von 30 Grad C und darüber. Gleichzeitig klagen die Kranken über ein Gefühl von Trockenheit und Brennen im Halse und über Schmerzen, welche durch Schlingbewegungen vermehrt werden. Die Schleimhaut der Mandeln und des weichen Gaumens zeigt sich dunkel gerötet und geschwollen.

Manche Kranke sind sehr aufgeregt oder delirieren, andere liegen teilnahmslos und apatisch da. Kinder werden nicht selten von vorübergehenden Zuckungen befallen. Andere Kranke ertragen das Vorläuferstadium viel leichter und scheinen während desselben kaum ernsthaft krank zu sein. Das Stadium des Ausbruches des Extanthems kündigt sich fast immer durch eine Steigerung des Fiebers an. Auch die Kopfschmerzen, das Schwächegefühl, die Aufregung oder Apathie des Kranken steigern sich und gerade in dieser Zeit werden bei Kindern häufig konvulsivische Anfälle beobachtet. Der Scharlachausschlag erscheint zuerst am Hals und verbreitet sich von dort auf den übrigen Körper. Gewöhnlich ist schon nach 24—36 Stunden die ganze Haut von einer Scharlachröte überzogen. Die dunkelste Röte findet sich am Hals, an den Streckseiten der Arme und Beine, an den Gelenken, Händen und Füßen. Mit dem Ausbruch des Extanthems steigern sich die Halsbeschwerden, die Rötung des Gaumens wird stärker, die Zunge zeigt nicht bloß an den Rändern, sondern auch auf dem Rücken, von dem sich der anfangs vorhandene Belag gewöhnlich abgestoßen hat, eine dunkle Himbeerröte. Das Stadium der Blüte des Ausschlages, welches 4—5 Tage anzudauern pflegt, ist dadurch charakterisiert, daß etwa am zweiten Tage desselben das Fieber, der Ausschlag und die Halsbeschwerden ihren Höhepunkt erreichen. Der Harn enthält jetzt reichliche Mengen abgestoßener Nierenepithelzellen und häufig etwas Eiweiß. Auch das Allgemeinbefinden der Kranken ist zu dieser Zeit am schwersten beeinträchtigt. Dann aber pflegen sämtliche Krankheitserscheinungen langsam abzunehmen, die Pulsfrequenz und Temperaturerhöhungen herabzugehen; das Extanthem erblaßt, Schlingbeschwerden werden geringer und das Allgemeinbefinden bessert sich. Gewöhnlich am fünften Tage nach dem Ausbruch des Extanthems beginnt das Stadium der Abschuppung.

Die Haut, welche bisher gerötet war, wird blaß, rauh und spröde, und die Epidermis löst sich in vielen kleinen Fetzen oder in größeren Lappen ab; es verlieren sich auch die letzten Spuren des Fiebers und der Halsbeschwerden. Die Krankheit endigt bei normalem und gutartigem Verlauf in der 3. und 4. Woche mit vollständiger Genesung.

Was die Behandlung des Scharlachfiebers anbetrifft, so müssen zunächst die gesunden Individuen von dem Kranken und von den Leuten, welche mit diesem verkehren, streng abgesondert werden. Besonders bei bösartigen Epidemien ist diese Maßnahme dringend zu empfehlen. Bei normalen Scharlachfällen sorgt man für eine gleichmäßige, eher kühlere als zu warme Temperatur des Krankenzimmers, welches sorgfältig und öfters gelüftet werden muß.

Als Getränke passen kühles Wasser oder eine säuerliche Limonade, als Nahrung einfache, dabei leichtnährende

— 111 —

Suppen, Milch und dergleichen. Der Kranke muß bis zur beendigten Abschuppung im Bett bleiben und auch dann noch ängstlich vor Erkältung geschützt werden, daher mindestens noch 14 Tage das Zimmer hüten. Sonst ist in gutartigen Fällen keine besondere medizinische Behandlung erforderlich. Erreicht in bösartigen Fällen die Körpertemperatur eine gefahrdrohende Höhe, so leisten abkühlende Vollbäder und Einwickelungen des ganzen Körpers in nasse, kalte Leinentücher vorzügliche Dienste. Diese Einwickelungen müssen 3—6 mal hintereinander in Pausen von 10—15 Minuten wiederholt werden, worauf der Kranke in das Bett geschafft wird, bis sich die neuen Einwickelungen nötig zeigen.

Von allergrößter Wichtigkeit ist bei Scharlach- sowie bei Masernkranken, stets für reine, aber nicht Zugluft zu sorgen, im Zimmer mehrmals des Tages mit durch Wasser verdünnter, reiner Karbolsäure zu sprengen, nach jeder Berührung des Kranken oder der Gegenstände, welche denselben umgeben, sind die Hände in Wasser zu waschen, welchem ebenfalls etwas Karbolsäure zugesetzt ist. Das Waschwasser nebst einem nötigen Handtuch muß im Krankenzimmer zu dem Zweck fortwährend bereit gehalten werden. Der Krankenpfleger spüle sich mehrmals des Tages den Mund aus und vermeide ganz besonders, daß er vom Kranken angeatmet oder angehustet wird. Das Krankenzimmer muß so kühl wie möglich gehalten werden und darf 15 Grad R nicht übersteigen.

Breithinger Salbe

Eine ausgezeichnet wirkende Salbe für Wunden aller Art erhält man auf folgende Weise. Man schmelze in einem irdenen Tiegel 200 Gramm gelbes Bienenwachs und setze der flüssig gewordenen Masse unter Umrühren allmählich dasselbe Quantum Hirschtalg bei, bis beide Stoffe innig miteinander vermischt sind. Nun gebe man auf die gleiche Art 200 Gramm Tannen- oder Fichtenpech bei und setze danach noch 200 Gramm Butter unter beständigem Umrühren zu. Die so erhaltene Salbe läßt man erkalten und bewahrt sie sorgfältig gegen Staub usw. auf. — Alle eitrigen Wunden, Geschwüre, auch Schnittwunden und dergleichen können mit dieser Salbe behandelt werden, und der Erfolg ist ein geradezu überraschender.

Einfaches Mittel gegen Durchfall

Aus einigen Blättern von Fingerkraut (Potentilla) bereite man Tee, welcher bessere Wirkung hat als jedes andere Mittel.

Gegen Leberflecken

Weißen Kampfer, venezischen Borax, je 15 Gramm, Fixohnenmehr 4 Messerspitzen, mercurium praecipitatum 30 Gramm, dazu Zitronen-, Rosen-, Froschlaich-, Weißwurzel- und Weißlilienwasser, Zucker, jedes 15 Gramm, für 30 Pfg. präparierte Salpeterküchlein, etliche Körnlein Leinsamen. Dieses drei Tage in der Hitze destilliert, danach durch ein Tuch ausgedrückt und an einem kühlen Ort gestellt, so ist es ein gutes Wasser gegen Leberflecken; wenn man sich damit gewaschen hat, muß man Alaun, das Weiße von dem Ei und ein wenig von den roten Schnecken darein rühren und damit schmieren; es hilft.

Gegen Verbrennung und Verbrühung

ist Pfefferminzöl eines der besten, aber wenig bekannten Mittel. Auf die verletzte Stelle gelegt oder gestrichen, bringt es rasche Erleichterung und baldige Heilung ohne Narbe. Man sollte deshalb dieses Öl, das billig ist, immer vorrätig haben. Bis zu dessen Anwendung kann man den verbrannten Teil zur Linderung der Schmerzen unter Wasser halten. Man kann das Pfefferminzöl auch zur Hälfte mit Glyzerin vermischen; es läßt sich dann mit bestem Vorteil auch bei erfrorenen Gliedern benützen. In englischen Spitälern wendet man gegen Verbrennungen mit sehr gutem Erfolge eine Mischung von zwei Teilen Kollodium mit einem Teil Olivenöl an, welches stets vorrätig gehalten werden muß.

Mittel gegen Insektenstiche

Gegen den Stich der Bienen, Wespen und dergleichen ist der Zwiebelsaft ein einfaches und wirksames Mittel. Eine Zwiebel wird mit dem Messer zerschnitten und die Wunde, nachdem der Stachel herausgezogen ist, mit der Schnittfläche eingerieben, worauf der Schmerz sofort schwindet und keine Geschwulst entsteht. Grüne Schmierseife empfiehlt sich gleichfalls als einfaches und linderndes Mittel.

Augen, hitzige, rote

Nimm weiße Herbstrosen und weiche sie drei Stunden in Rosenwasser ein, hernach binde sie über die Augen. Man darf aber nicht an die Luft gehen.

Durst

Wer starken Durst hat, siede Fenchel in Wasser und trinke davon, es wehrt dem Durst und dem hitzigen Magen.

Finnen

Gegen Finnen im Gesicht, Knötchen in der Haut und Elterpusteln, welche besonders auf der Stirn junger Leute ausbrechen, aber keineswegs immer Zeichen von Ausschweifungen sind, wofür sie häufig gehalten werden, dienen:

Leichte Abführmittel und Klistiere.

Gegen entzündete, sehr schmerzhafte Finnen wendet man äußerlich Rosen-, Orangen- oder Holunderblütenwasser mit gleichen Teilen Rum, Franzbranntwein oder Alkohol an.

Das aus 33 Gramm zerstoßenem Schwefel, über welchen man 1 Liter Wasser 12 Stunden lang stehen läßt, bereitete Schwefelwasser, wird gleichzeitig zur Beseitigung der Finnen empfohlen. Schlehblütentee als Frühlingskur gebraucht, soll gleichfalls die Finnen vertreiben.

Wunde Brustwarzen bei Stillenden

Die Warzen werden gründlich gereinigt und alsdann mit einem in lauwarme fünfprozentige Karbolsäurelösung getauchten Leinewandläppchen bedeckt. Jedesmal vor dem Säugen wird diese Lösung abgewaschen. Verzögert sich die Heilung, so ist folgende Salbe von ausgezeichneter Wirkung: 4 Gramm Ichthyol, 5 Gramm Lanolin, 1 Gramm Glyzerin, 1 Gramm Olivenöl direkt auf die Warze aufzustreichen.

Sicheres Mittel gegen weißen Fluß

Für 150 Pfennige weißes Fischbeinpulver, jeden Morgen eine Messerspitze voll gegessen.

Für 100 Pfennige präparierte Sennesblätter, Tee je nach Umstand der Hartleibigkeit abwechselnd täglich eine Tasse getrunken. Außerdem empfiehlt sich bei dieser Kur eine tägliche Ausspülung.

Wechselfieber

Tormentill, Zinnkraut, Schafgarbe, Spitzwegerich, Hirtentäschel, Klettenwurzel und Schwarzwurzel untereinandergemischt und täglich 2—3 Tassen getrunken.

Wassersucht (siehe Bauchgeschwulst)

Mitesser zu vertreiben

1 Teelöffel Schafgarbenblüte, 2 Teelöffel Salmiakgeist und für 20 Pfg. Seifenspiritus. Mit dieser Mischung wird

das Gesicht abends mit einem Flanelläppchen abgerieben und nach 10 Minuten mit lauem Wasser abgespült.

Zeitrechnung

Die Geburt tritt gewöhnlich ein, wenn die zehnte Regel wiederkehren müßte, da also jene alle 28 Tage sich bei den meisten Frauen einstellt, so wird die Geburt am 280. Tage nach der letzten Regel stattfinden. Dennoch ist es zu häufig, das kleine Abweichungen statthaben, unbeschadet der Reife und Gesundheit des Kindes, da ja auch die Wiederkehr der Regel oft zeitiger oder später als am 28. Tage eintritt. Am leichtesten prägt sich die Berechnung dem Gedächtnis auf folgende Weise ein: Man rechnet vom 1. Tage der zuletzt eingetretenen Regel 3 Monate (gleich 92 Tage) zurück und zählt 7 Tage hinzu, der so gefundene Tag ist derjenige, an welchem die Niederkunft zu erwarten steht. Eine zweite Bestimmung gründet man auf die ersten Bewegungen des Kindes, welche um die Mitte der Schwangerschaft, also in der 20. Woche, fühlbar werden. Zählt man diesem Zeitpunkt 20 Wochen hinzu, so hat man den Anfang der Geburt. Eine dritte Berechnung stützt sich auf die anfangende Senkung der Gebärmutter, welche gewöhnlich 4 Wochen vor der Geburt stattfindet und durch wehenartige Schmerzen, sogenannte „Vorwehen", eingeleitet wird, welche oft sehr heftig auftreten, und manche Schwangere glauben läßt, die Stunde der Geburt sei gekommen. Alle drei Arten der Berechnung zeigen Fehlerquellen; die Regeln können noch in einigen Fällen auch nach der Schwängerung sich zeigen, die Mutter kann ferner die erste Kindesbewegung nicht wahrnehmen, und wenn diese wahrgenommen wird, können schon einige Wochen vergangen sein, ferner kann die angefangene Senkung ohne Schmerzen eintreten und so der Wahrnehmung der Frau entgehen.

Eine Berechnung ist dann zuverlässig, wenn die drei einzelnen Berechnungen denselben Zeitpunkt ergeben. Zur Erleichterung sind drei Arten vereinigt von 15 zu 15 Tagen hier ausgerechnet, und man kann die dazwischenliegenden Tage durch Hinzuzählen selbst feststellen.

Erster Tag des Eintritts der letzten Regel	Erste Kindesbewegung	Eintritt der Gebärmuttersenkung	Geburtseintritt
1. Januar	21. Mai	11. September	8. Oktober
15. „	4. Juni	25. „	22. „
30. „	19. „	10. Oktober	6. November
4. Februar	24. „	15. „	11. „
19. „	9. Juli	30. „	26. „
1. März	19. „	9. November	6. Dezember
16. „	3. August	24. „	21. „
31. „	18. „	9. Dezember	5. Januar
15. April	2. September	24. „	20. „
30. „	17. „	8. Januar	4. Februar
15. Mai	2. Oktober	23. „	19. „
30. „	17. „	7. Februar	6. März
14. Juni	1. November	22. „	21. „
29. „	16. „	9. März	5. April
14. Juli	1. Dezember	24. „	20. „
29. „	16. „	8. April	5. Mai
13. August	31. „	23. „	20. „
2. September	20. Januar	13. Mai	9. Juni
17. „	4. Februar	28. „	24. „
2. Oktober	19. „	12. Juni	9. Juli
17. „	6. März	27. „	24. „
1. November	21. „	12. Juli	8. August
16. „	5. April	27. „	23. „
1. Dezember	20. „	11. August	7. September
16. „	5. Mai	26. „	22. „
31. „	20. „	10. September	7. Oktober

Sollte jemand ein in diesem Buch angegebenes Mittel nicht erlangen können, so wende man sich an den Verlag von Edmund Ramsdorf, Weixdorf bei Dresden.

Achtung!

Um Ihren Körper und seine Einteilung kennen zu lernen, können Sie jederzeit das **Modell** nachgeliefert bekommen.

Erläuterung zum Modell

des männlichen Körpers

I. Blutgefäßsystem

1. Linke Herzkammer
2. Rechte Herzkammer
3. Rechter Vorhof mit Herzrohr
4. Linkes Herzrohr
5. Kranzgefäße des Herzens
6. Aufsteigender Teil der großen Körperschlagader (Aorta)
7. Absteigender Ast der Brustaorta
8. Zwerchfell
9. Lungenarterie
10. Obere Hohlvene
11. Untere Hohlvene
12. Die namenlose Arterie
13. Die gemeinschaftliche Halsarterie
14. Die Schlüsselbeinarterie
15. Die Achselarterie
16. Oberarmarterie
17. Speichenarterie
18. Ellenbogenarterie
19. Zwischenknochenarterie
20. Bauchaorta
21. Die unteren Zwerchfellarterien
22. Die obere Darm- oder Gekrösearterie
23. Die Nierenarterie
24. Die inneren Samenarterien
25. Die untere Arm- oder Gekrösearterie
26. Gemeinschaftl. Beckenarterien
27. Schenkelarterien
28. Tiefe Schenkelarterie
29. Innere Beckenarterie
30. Oberschenkelarterie
31. Namenlose Vene
32. Innere Drosselvene
33. Schlüsselbeinvene
34. Achselvene
35. Hautvene des Oberarms
36. Mittlere Hautvene des Unterarms
37. Innere Hautvene des Unterarms
38. Äußere Hautvene des Unterarms
39. Lebervenen
40. Nierenvenen
41. Gemeinschaftl. Beckenvenen
42. Innere Beckenvenen
43. Äußere Beckenvenen
    (Die Blutgefäße des Kopfes siehe Tafel V.)

II. Muskelsystem

1. Stirnmuskel
2. Schläfenmuskel
3. Schließmuskel der Augenlider
4. Heber der Oberlippe
5. Kleine Jochmuskel
6. Große Jochmuskel
7. Kaumuskel
8. Ringmuskel des Mundes
9. Niederzieher des Mundwinkels
10. Viereckiger Kinnmuskel
11. Kopfnicker
12. Brustzungenbeinmuskeln
13. Rippenhalter
14. Kappenmuskel
15. Großer Brustmuskel
16. Kleiner Brustmuskel
17. Schlüsselbeinmuskel
18. Großer vorder. Sägemuskel
19. Äußerer schiefer Bauchmuskel
20. Weiße Bauchlinie mit Nabel
21. Innerer schiefer Bauchmuskel
22. Gerader Bauchmuskel mit sehniger Querstreifung
23. Innerer Zwischenrippenmuskel
24. Deltamuskel
25. Rabenarmmuskel
26. Zweiköpfiger Armmuskel
27. Unterschulterblattmuskel
28. Innerer Kopf der dreiköpfigen Armmuskel
29. Runder Einwärtsdreher des Vorderarms
30. Langer Auswärtsdreher des Vorderarms
31. Innerer Speichenmuskel
32. Langer Hohlhandmuskel
33. Fingerbeuger
34. Muskel des Daumenballens
35. Langer äußerer Speichenmuskel
36. Kurzer äußerer Speichenmuskel
37. Langer Abzieher des Daumens
38. Zeigefingerstrecker
39. Mittlerer Gesäßmuskel
40. Spanner der breiten Schenkelbinde
41. Kammuskel
42. Langer Zuzieher d. Schenkels
43. Unterschenkelstrecker
44. Innerer Kopf des Unterschenkelstreckers
45. Äußerer Kopf des Unterschenkelstreckers
46. Schneidermuskel
47. Schlanker Schenkelmuskel
48. Großer Zuzieher d. Schenkels

III. Skelett von vorn

1. Stirnbein
2. Scheitelbein
3. Schläfenbein
4. Knöcherne Augenhöhle
5. Jochbein
6. Nasenbein
7. Oberkiefer
8. Knöcherne Nasenhöhle
9. Zähne
10. Unterkiefer
11. Fünfter Halswirbel
12. Sechster Halswirbel
13. Siebenter Halswirbel
14. Erster Brustwirbel
15. Schlüsselbein
16. Handgriff des Brustbeins
17. Körper des Brustbeins
18. Schwertfortsatz d. Brustbeins
19. Schulterblatt

20. Rabenschnabelfortsatz des Schulterblattes
21. Gelenkkopf d. Oberarmbeins
22. Oberarmbein
23. Dessen Rolle
24. Armspeiche
25. Ellenbogenröhre
26. Handwurzelknochen
27. Mittelhandknochen
28. Fingerglieder
29. Erste Rippe
30. Zweite „
31. Dritte „
32. Vierte „ } wahre
33. Fünfte „ } Rippen
34. Sechste „
35. Siebente „
36. Achte „
37. Neunte „
38. Zehnte „ } falsche
39. Elfte „ } Rippen
40. Zwölfte „
41. Zwölfter Brustwirbel
42. Erster Lendenwirbel
43. Zweiter „
44. Dritter „
45. Vierter „
46. Fünfter „
47. Kreuzbein
48. Steißbein
49. Hüftbein
50. Hüftbeinkamm
51. Verstopfungsloch
52. Schambein
53. Sitzbein
54. Oberschenkelkopf
55. Oberschenkelhals
56. Großer Rollhügel des Oberschenkels
57. Kleiner Rollhügel des Oberschenkels
58. Oberschenkelbein

IV. Nervensystem

1. Stirnnerv
2. Schläfennerv
3. Jochwangennerv
4. Antlitznerv mit sein. Zweigen
5. Kinnerven
6. Nasennerven
7. Lippennerven
8. Halsnervengeflecht
9. Armnervengeflecht
10. Mittlerer Armnerv
11. Ellenbogennerv
12. Armspeichennerv
13. Inner. Hautnerv des Armes
14. Mittl. Hautnerv des Armes
15. Äußer. Hautnerv des Armes
16. Rückenmark
17. Zwischenrippennerven
18. Grenzstrang des sympathischen Nerven
19. Bauch- oder Sonnengeflecht des sympathischen Nerven
20. Beckengeflecht des sympathischen Nerven
21. Lendennerven
22. Oberschenkelnerven
23. Kreuzbeinnerven
24. Tiefliegende Nerven des Oberschenkels
25. Hautnerven d. Oberschenkels

V. Eingeweide
(und Blutgefäße des Kopfes)

1. Äußere Kieferarterie
2. Oberflächliche Schläfenarterie
3. Gesichtsvenen
4. Stirnvenen
5. Schläfenvenen
6. Kehlkopf
7. Luftröhre
8. Schilddrüse
9. Rechte Lunge

10. Linke Lunge
11. Blutgefäße im Innern der Lunge
12. Bronchien mit ihrer Verzweigung
13. Inneres des Kehlkopfes
14. Aufgeschnittene Luftröhre
15. Rechter Bronchus
16. Linker Bronchus
17. Hinterfläche d. rechten Lunge
18. Hinterfläche d. linken Lunge
19. Rechter Herzventrikel
20. Linker Herzventrikel
21. Rechter Vorhof
22. Inneres der rechten Herzkammer
23. Inneres der linken Herzkammer
24. Inneres des rechten Vorhofes
25. Linkes Herzrohr
26. Obere Hohlvene
27. Rechte ungenannte Vene
28. Linke ungenannte Vene
29. Aorta
30. Lungenarterie
31. Hintere Fläche des Herzens
32. Leber von vorn
33. Leber aufgeschnitten
34. Leber von hinten
35. Gallenblase
36. Speiseröhre
37. Vordere Magenfläche
38. Magen aufgeschnitten
39. Hintere Magenfläche
40. Bauchspeicheldrüse, Vorderfläche
41. Milz
42. Hintere Fläche der Bauchspeicheldrüse mit Ausführungsgang
43. Zwölffingerdarm
44. Dünndarmschlingen
45. Blinddarm m. Wurmfortsatz
46. Aufsteig. Ast des Dickdarms
47. Querast des Dickdarms
48. Absteig. Ast des Dickdarms
49. Mastdarm
50. Harnblase
51. Harnblase durchschnitten
52. Harnblase von hinten
53. Rechte Niere
54. Rechte Niere aufgeschnitten mit den Nierengefäßen
55. Linke Niere
56. Linke Niere aufgeschnitten, die Nierenpyramiden und das Nierenbecken zeigend
57. Harnleiter
58. Rechte Nierenvene
59. Linke Nierenvene
60. Bauchaorta
61. Rechte Nebenniere
62. Linke Nebenniere
63. Lendenmuskel
64. Zwerchfell
65. Innere Hüftbeinmuskel
66. Querer Bauchmuskel

Erläuterung zum Modell
des weiblichen Körpers

I. Deckbild

1. Großhirn
2. Kleinhirn
3. Großhirnbalken
4. Verlängertes Rückenmark
5. Kehlkopf
6. Luftröhre
7. Speiseröhre
8. Lunge
9. Blutgefäße der Lunge
10. Bogen der Hauptpulsader (Aorta)
11. Hauptpulsader
12. Hauptstrang des sympathischen Nerven
13. Speiseröhrenast der Eingeweidenerven
14. Leber
15. Gallenblase
16. Magen
17. Milz
18. Niere
19. Dickdarm
20. Absteigender Teil des Dickdarms
21. Die S-förmige Biegung des Dickdarms
22. Dünndarmschlingen
23. Gebärmutter
24. Eierstock
25. Muttertrompete
26. Harnblase
27. Inneres der Brustdrüse mit Läppchen und Milchgängen

II. Skelett von vorn

1. Stirnbein
2. Scheitelbein
3. Schläfenbein
4. Nasenbein
5. Knöcherne Augenhöhle
6. Nasenhöhle
7. Jochbein
8. Oberkiefer
9. Zähne
10. Unterkiefer
11. Fünfter Halswirbel
12. Sechster „
13. Siebenter „
14. Erster Brustwirbel
15. Schlüsselbein
16. Handgriff des Brustbeins
17. Körper des Brustbeins
18. Schwertfortsatz des Brustbeins
19. Schulterblatt
20. Rabenschnabelfortsatz des Schulterblattes
21. Gelenkkopf des Oberarmbeins
22. Oberarmbein
23. Dessen Rolle
24. Armspeiche
25. Ellenbogenröhre
26. Handwurzelknochen
27. Mittelhandknochen
28. Fingerglieder
29. Erste Rippe ⎫
30. Zweite „
31. Dritte „
32. Vierte „ ⎬ wahre Rippen
33. Fünfte „
34. Sechste „
35. Siebente „
36. Achte „
37. Neunte „ ⎭

38. Zehnte „ ⎫
39. Elfte „ ⎬ falsche Rippen
40. Zwölfte „ ⎭
41. Zwölfter Brustwirbel
42. Erster Lendenwirbel
43. Zweiter „
44. Dritter „
45. Vierter „
46. Fünfter „
47. Kreuzbein
48. Steißbein
49. Hüftbein
50. Hüftbeinkamm
51. Verstopfungsloch
52. Schambein
53. Sitzbein
54. Oberschenkelkopf
55. Oberschenkelhals
56. Großer Rollhügel des Oberschenkels
57. Kleiner Rollhügel des Oberschenkels
58. Oberschenkelbein

III. Blutgefäßsystem

1. Äußere Kiefernarterie
2. Oberflächl. Schläfenarterie
3. Gesichtsvenen
4. Stirnvenen
5. Schläfenvenen
6. Linke Herzkammer
7. Rechte Herzkammer
8. Rechter Vorhof mit Herzrohr
9. Linkes Herzrohr
10. Kranzgefäße des Herzens
11. Aufsteigender Teil d. großen Körperschlagader (Aorta)
12. Absteigender Ast der Brustaorta
13. Zwerchfell
14. Lungenarterie
15. Obere Hohlvene
16. Untere Hohlvene
17. Die namenlose Arterie
18. Die gemeinschaftliche Halsarterie
19. Die Schlüsselbeinarterie
20. Die Achselarterie
21. Oberarmarterie
22. Speichenarterie
23. Ellenbogenarterie
24. Zwischenknochenarterie
25. Bauchaorta
26. Die unteren Zwerchfellarterien
27. Die obere Darm- oder Gekrösearterie
28. Nierenarterie
29. Die inneren Samenarterien
30. Die untere Darm- oder Gekrösearterie
31. Gemeinschaftliche Beckenarterie
32. Schenkelarterien
33. Tiefe Schenkelarterie
34. Innere Beckenarterie
35. Oberschenkelarterie
36. Namenlose Vene
37. Innere Drosselvene
38. Schlüsselbeinvene
39. Achselvene
40. Hauptvene des Oberarms
41. Mittlere Hautvene d. Unterarms
42. Innere Hautvene d. Unterarms
43. Äußere Hautvene d. Unterarms
44. Lebervenen
45. Nierenvenen
46. Gemeinschaftl. Beckenvenen
47. Innere Beckenvenen
48. Äußere Beckenvenen

IV. Nervensystem

1. Stirnnerv
2. Schläfennerv
3. Jochwangennerv
4. Antlitznerv mit sein. Zweigen
5. Kinnerven
6. Nasennerven
7. Lippennerven
8. Halsnervengeflecht
9. Armnervengeflecht
10. Mittlerer Armnerv
11. Ellenbogennerv
12. Armspeichennerv
13. Innerer Hautnerv d. Armes
14. Mittlerer Hautnerv d. Armes
15. Äußerer Hautnerv d. Armes
16. Rückenmark
17. Zwischenrippennerven
18. Grenzstrang d. sympathischen Nerven
19. Bauch- oder Sonnengeflecht des sympathischen Nerven
20. Beckengeflecht des sympathischen Nerven
21. Lendennerven
22. Oberschenkelnerven
23. Kreuzbeinnerven
24. Tiefliegende Nerven des Oberschenkels
25. Hautnerven d. Oberschenkels

V. Muskelsystem, Eingeweide u. schwangere Gebärmutter

1. Stirnmuskel
2. Schläfenmuskel
3. Schließmuskel d. Augenlider
4. Heber der Oberlippe
5. Kleiner Jochmuskel
6. Großer Jochmuskel
7. Kaumuskel
8. Ringmuskel des Mundes
9. Niederzieher des Mundwinkels
10. Viereckiger Kinnmuskel
11. Großer Hautmuskel des Halses
12. Kopfnicker
13. Brustzungenbeinmuskel
14. Speiseröhre
15. Heben der Rippen (abgeschnitten)
16. Tiefste Schicht der Halsmuskeln
17. Kappenmuskel
18. Großer Brustmuskel
19. Kleiner Brustmuskel
20. Schlüsselbeinmuskel
21. Großer vorderer Sägemuskel
22. Äußerer schiefer Bauchmuskel
23. Weiße Bauchlinie mit Nabel
24. Innerer schiefer Bauchmuskel
25. Gerader Bauchmuskel mit der sehnigen Querstreifung
26. Inner. Zwischenrippenmuskel
27. Brustbeinmuskel
28. Zwerchfell (abgeschnitten)
29. Querer Bauchmuskel
30. Lendenwirbelsäule
31. Innerer Hüftbeinmuskel
32. Deltamuskel
33. Rabenarmmuskel
34. Zweiköpfiger Armmuskel
35. Unterschulterblattmuskel
36. Innerer Kopf d. dreiköpfigen Armmuskels
37. Runder Einwärtsdreher des Vorderarms
38. Langer Auswärtsdreher des Vorderarms
39. Innere Speichenmuskel
40. Langer Hohlhandmuskel

41. Fingerbeuger
42. Muskeln des Daumenballens
43. Langer äußerer Speichenmuskel
44. Kurzer äußerer Speichenmuskel
45. Langer Abzieher des Daumens
46. Zeigefingerstrecker
47. Mittlerer Gesäßmuskel
48. Spanner der breiten Schenkelbinde
49. Kammuskel
50. Lang. Zuzieher d. Schenkel
51. Groß. Zuzieher d. Schenkel
52. Scheidemuskel
53. Äußerer Kopf des Unterschenkelstreckers
54. Unterschenkelstrecker
55. Innerer Kopf des Unterschenkelstrekers

Innere Organe bzw. Eingeweide

56. Rechte Kammer des Herzens
57. Aorta
58. Linke Kammer des Herzens
59. Kehlkopf
60. Schilddrüse
61. Luftröhre
62. Rechte Lunge
63. Linke Lunge
64. Leber von vorn
65. Leber durchschnitten
66. Hinterfläche der Leber
67. Gallenblase
68. Magen von vorn
69. Magen aufgeschnitten
70. Magen von hinten
71. Bauchspeicheldrüse
72. Zwölffingerdarm
73. Milz
74. Gebärmutter
75. Eileiter
76. Eierstock
77. Muttertrompete
78. Breite Mutterbänder
79. Runde Mutterbänder
80. Vorderfläche der schwangeren Gebärmutter
81. Gebärmutterhöhle
82. Kind in der Gebärmutter in Schädellage
83. Nabelschnur
84. Hintere Fläche der Gebärmutter mit Blutgefäßen

Inhaltsverzeichnis

	Seite
Abzehrende Kinder	105
Ackerdistel, rote	25
Aloe	17
Alpdrücken	35
Alpenveilchen	32
Angelikawurzel	26
Appetitlosigkeit	35, 99
Arnika	14
Asthma oder Engbrüstigkeit	38
Atem, gegen kurzen	35
Atem, wohlriechenden, zu verschaffen	35
Aufspringen d. Hände, sicheres Mittel gegen das	35
Aufspringen der Haut und Lippen, Mittel gegen das	36
Augen, flimmern der	36
Augen, gegen schwache	36
Augen, Blutstreifen in den	37
Augen, entzündete	37
Augen, hitzige, rote	113
Augen, wenn etwas hineingefallen	37
Augenbeschwerden vorzubeugen	37
Augen, tränende	37
Augentrost	12
Ausschläge im Gesicht	38
Baldrian	15
Bärenwurzel	25
Bandwurmmittel	39
Bartflechte	94
Bauchgeschwulst	40, 58
Bauchschmerzen	103, 104
Beinbruch	40
Beine, geschwollene	40
Benediktenkraut	27
Bettpissen	40
Bilsenkraut	31

	Seite
Birke	34
Bitterklee	28
Blasenkrampf	91
Bleichsucht	40
Blutreinigung	38
Blutgeschwüre	44
Blutspeien	41
Blutsturz	41
Blutharnen	41
Brandschäden	42
Brandwunden	41, 42
Bräune, rasche Hilfe bei	43
Brennessel	25
Breitwegerich	22
Breithinger-Salbe	111, 112
Brombeeren	27
Bruchschäden	42, 43
Brustbeklemmung	43
Brustfellentzündung	43, 44
Brustkrampf	44
Brustwarzen, wunde	114
Cholera	44, 45
Darmleiden	101
Diarrhoe	45
Diphtheritis	45–47
Dost	26
Durchfall	45, 87, 112
Durst	113
Eberesche	26
Ehrenpreis	19
Eibisch	17
Eiche	6
Eichenrindentee	48
Einschlafen zu fördern	47
Einbeere	31
Eisenkraut	27
Engbrüstigkeit	49
Englische Krankheit	48

	Seite		Seite
Entzündung des Gehirns	50, 51	Glieder, erfrorene	50
Enzian	24	Gliederzahnen	104
Enzianwurzel	15	Glyzerin als Gurgelwasser	99
Epilepsie	49	Goldregen	29
Epilepsie und Kolik	49	Grieß	63
Erbse	25	Grieß und Stein sicher abzuführen	62
Erbrechen	47, 48		
Erdbeere	12	Grind, böser	62
Erkältung	50	Gundermann	21
Erschrecken	51	Haare, gegen Ausfallen der	63
Faulbaum	20	Haare, Wachstum der	63
Fenchel	14	Hahnenfuß, scharfer	29
Fettleibigkeit	53	Hals, dicker	64
Fetthenne	6	Halsdrüsen, verhärtete	45
Fieber	51	Halsentzündung	56
Fieberklee	9	Halsschmerz	64
Fingerkraut	18	Hämorrhoidalleiden	91
Fingerringe, eingewachsen	98, 99	Hämorrhoiden	64
Fingerhut, roter	30	Hände, aufgesprungene	35, 66, 92
Finnen	113	Handschweiße	100
Flechten	52, 53	Hanf	27
Flecken im Gesicht	54	Hartleibigkeit	66
Flüsse	54, 88	Haselwurz	29
Fußschweiße	54	Haut, trockene	64
Füße, geschwollene	55	Hautausschlag	100
Füße, schmerzende	55	Hautjucken	98
Füße, Erwärmung der	55	Heide	9
Frostballen, gegen	40	Heiserkeit und Husten	65, 67
Frostbeulen	97	Heiserkeit u. viel. Sprechen	56, 65
Geburt	102	Herbstzeitlose	30
Geburt, schwere, zu beseitigen	101	Herzklopfen	66
Gehör, verlorenes	57	Hirtentäschel	23
Gelbsucht	57	Hirschzunge	15
Gelenkschmerzen, rheumat.	98	Hitze im Kopfe	71
Geruch, übler, aus dem Munde	57	Hohlzahn	23
Geschwüre	58	Holunder	22
Geschwüre an der Lunge	58	Huflattich	18
Geschwulst	59	Hühneraugen	67, 68
Gesichtsgrind	106	Hundspetersilie	31
Gicht	59, 60, 61, 62	Hundsrose	8
Glieder, gegen Ausdorren und Schwinden	62	Husten	67
		Hustenreiz	98

	Seite		Seite
Influenza	56, 84	Magen, geschwächter	78
Ingwer	19	Magenkrampf	79
Insektenstiche	113	Magengeschwür	82
Johanniskraut	20	Magengeschwulst	83
		Magenleiden	82, 83
Kalmus	8	Magenschmerz	83
Kamille	19	Magenstärkendes Mittel	81
Katzenkraut	27	Magen, verschleimter	83
Karthäusernelke	22	Mandeln, geschwollene	80
Kehlkopfleiden	73	Mäler, blaue, zu vertreiben	41, 80
Kellerhals	31	Masern	81
Keuchhusten	71	Mistel	6
Kinderkrankheiten	102	Mauerpfeffer	7
Klettenwurzel	26	Malve	22
Kolik	49, 71, 72	Maiglöckchen	19
Kolikschmerzen und Reißen im Leibe	72	Maden- oder Spulwürmer	107
		Melisse	14
Kopfschmerzen	74	Menstruation, verstopfte	102
Kopfgrind	105	Mitesser	114
Kornblume	11	Milz- und Leberverhärtung	81
Königskerze	8	Mohnblume	20
Krampf in Händen und Füßen	71	Mundfäule	80
Krämpfe	106		
Krätze	72	Nasenbluten	84
Kreuzenzian	15	Nachtkerze	24
Kreuzkraut	18	Nachtschweiße	100
Kropf zu vertreiben	73	Nachtschatten, schwarzer	29
Küchenschelle	30	Natterwurz	25
		Nervenzahnweh	96
Lähmung	76	Nervenfieber	84
Lebensbaum	10	Nieren- u. Blasenentzündung	85
Leberflecken	112	Nieren- und Blasengeschwür	85
Leberkraut	28		
Lein	7	Ohnmachten	85
Liebstöckel	6	Ohrensausen	86
Linde	10	Ohrenschmerzen	92
Lilie	24	Ottermanny	27
Löwenzahn	11		
Luftröhrenschwindsucht	75	Petersilie	12
Luftröhrenentzündung	75	Pfefferminze	21
Lungenentzündung	76	Pilze	34
Lungenkrankheit	76	Podagra	86
Lungenkraut	13	Preiselbeerkraut	18

	Seite		Seite
Quendel	16	Tormentill	11
Quecke	9	Typhus	92
Rachenkatarrh	88	Unterleibsschmerzen	91
Rainfarn	24	Urin	91
Rheumatismus	88, 96, 98	Veilchen	11
Rittersporn	23	Verbrennung und Verbrühung	112
Rosmarin	13, 86	Verstopfung	91
Rose	87	Verrenkung oder Verstauchung	92
Rote Steinbeere	21	Vogelknöterich	28
Ruhr und Durchfall	87		
Safranblüte	7	Wacholder	10
Salbei	19	Waldmeister	16
Sanickel	26	Warzen an den Händen	93
Seitenstechen	100	Wasserlassen, schmerzhaftes	93
Schafgarbe	9	Wasserminze	14
Scharlachfieber	107	Wasserschierling	29
Schlaflosigkeit	89	Wassersucht zu beseitigen	95
Schwarzwurzel	25	Wechselfieber	114
Schierling, gefleckter	29	Wegquarten, d. Eigenschaft d.	38
Schwindel	89	Wegwart	26
Schwindsucht	89	Weißer Fluß	114
Schäden in den Beinen	89	Weiß-Taubnessel	7
Schellkraut	31	Wermuttee	17
Schlüsselblume	20	Wiesen-Storchschnabel	22
Schnupfen	90	Wildes Stiefmütterchen	21
Spitzwegerich	13	Wundwerden der Brustwarzen	114
Sprödigkeit der Hände	92	Wurm am Finger	93
Spulwürmer	90, 107	Zahnen der Kinder	104
Stechapfel	30	Zahnen, gegen das schwere	104
Sturmhut, blauer	28	Zähne, weiße zu bekommen	95
Süßholz	11	Zahngeschwür	95
		Zahnpulver	94
Taubnessel	7	Zahnschmerzen	94
Tausendgüldenkraut	16	Zeitrechnung	115
Tollkirsche	30	Zinnkraut	15

An mich gestellte Anfragen beantworte ich gern, nur bitte 1 M. beizufügen

Halten Sie es für eine dringende Notwendigkeit, stets 1 Paket
E. Ramsdorfs Kräutertee (80 Pfg. und 1.— Mark)
im Hause zu haben, denn derselbe tut Wunder!

Ebenfalls im SEVERUS Verlag erhältlich:

Franz Hartmann
Die Medizin des Theophrastus von Hohenheim
Vom wissenschaftlichen Standpunkte betrachtet
SEVERUS 2010 / 264 S. / 29,50 Euro
ISBN 978-3-86347-007-4

Paracelsus, mit eigentlichen Namen Theophrastus Bombas von Hohenheim, wurde am 10. November 1493 in Egg bei Einsiedeln geboren. Er war Arzt und Alchemist, aber auch Philosoph und Laientheologe. Er schrieb verschiedene medizinische Werke, die der vorherrschenden Lehrmeinung der damaligen Zeit widersprachen. Er war der Überzeugung, dass die Medizin auf Natur und Gotteserkenntnis basiert und dass Krankheiten nicht durch empirische Befunde allein geheilt werden können. Seine Werke wurden von vielen Ärzten und Apothekern kritisiert.

Der 1838 geborene Theosoph Franz Hartmann versucht in diesem Buch, die Lehren des Theophrastus Paracelsus für jedermann, der interessiert ist, verständlich zu machen und die Form und Ausdrucksdrucksweise der Werke des Paracelsus an die damalige Zeit anzupassen. Er betont die Bedeutung der Heilkunde des Paracelsus für die Medizin, die seiner Meinung nach auf große Abwege geraten ist. Hierbei hat er sich zur Aufgabe gemacht, dem Leser zu vermitteln, dass diese Medizin nicht nur Wissenschaft, sondern auch Heilkunst ist.

www.severus-verlag.de

Ebenfalls im SEVERUS Verlag erhältlich:

Friedrich Trendelenburg
Die ersten 25 Jahre der Deutschen Gesellschaft für Chirurgie
SEVERUS 2011 / 488 S. / 49,50 Euro
ISBN 978-3-86347-118-7

In seinem erstmals 1923 erschienenen Buch berichtet der Chirurg Friedrich Trendelenburg detailgetreu und kritisch von den Zusammenkünften der bedeutendsten deutschen Chirurgen des späten 19. Jahrhunderts.

Die *Deutsche Gesellschaft für Chirurgie* war 1872 auf Initiative von Bernhard von Langenbeck, Gustav Simon und Richard Volkmann in Berlin gegründet worden. Von da an fand einmal jährlich ein Kongress mit dem Bestreben statt, Wissen und Ideen auszutauschen, Einigung in schwierigen Fragen zu finden und gemeinsame Ziele der noch jungen deutschen Chirurgie zu formulieren. Trendelenburg, der zum ersten Vorstand der Gesellschaft gehörte, bietet dem Leser in diesem Buch einen einmaligen Überblick über die Vorträge und Diskussionen auf den Treffen, geordnet nach Spezialgebieten des Faches.

Friedrich Trendelenburg, geboren 1844 in Berlin, studierte in Glasgow, Edinburgh und Berlin. Nach seiner Tätigkeit als Militärarzt im Deutschen Krieg war er Assistenzarzt in Berlin. 1874 wurde er Leiter der Chirurgischen Abteilung des Krankenhauses Friedrichshain in Berlin, bevor er ab 1875 Professuren in Bonn, Rostock und Leipzig inne hatte. Mehrere chirurgische Verfahren wurden nach ihm benannt. Er starb 1924 in Berlin.

www.severus-verlag.de

Bisher im SEVERUS Verlag erschienen:

Achelis. Th. Die Entwicklung der Ehe * Die Religionen der Naturvölker im Umriß, Reihe ReligioSus Band V * **Andreas-Salomé, Lou** Rainer Maria Rilke * **Arenz, Karl** Die Entdeckungsreisen in Nord- und Mittelafrika von Richardson, Overweg, Barth und Vogel * **Aretz, Gertrude (Hrsg)** Napoleon I - Briefe an Frauen * **Ashburn, P.M** The ranks of death. A Medical History of the Conquest of America * **Avenarius, Richard** Kritik der reinen Erfahrung * Kritik der reinen Erfahrung, Zweiter Teil * **Beneke, Otto** Von unehrlichen Leuten: Kulturhistorische Studien und Geschichten aus vergangenen Tagen deutscher Gewerbe und Dienste * **Berneker, Erich** Graf Leo Tolstoi * **Bernstorff, Graf Johann Heinrich** Erinnerungen und Briefe * **Bie, Oscar** Franz Schubert - Sein Leben und sein Werk * **Binder, Julius** Grundlegung zur Rechtsphilosophie. Mit einem Extratext zur Rechtsphilosophie Hegels * **Bliedner, Arno** Schiller. Eine pädagogische Studie * **Birt, Theodor** Frauen der Antike * **Blümner, Hugo** Fahrendes Volk im Altertum * **Boos, Heinrich** Geschichte der Freimaurerei. Ein Beitrag zur Kultur- und Literatur-Geschichte des 18. Jahrhunderts * **Brahm, Otto** Das deutsche Ritterdrama des achtzehnten Jahrhunderts: Studien über Joseph August von Törring, seine Vorgänger und Nachfolger * **Brandes, Georg** Moderne Geister: Literarische Bildnisse aus dem 19. Jahrhundert. * **Braun, Lily** Lebenssucher * **Braun, Ferdinand** Drahtlose Telegraphie durch Wasser und Luft * **Brunnemann, Karl** Maximilian Robespierre - Ein Lebensbild nach zum Teil noch unbenutzten Quellen * **Büdinger, Max** Don Carlos Haft und Tod insbesondere nach den Auffassungen seiner Familie * **Burkamp, Wilhelm** Wirklichkeit und Sinn. Die objektive Gewordenheit des Sinns in der sinnfreien Wirklichkeit * **Caemmerer, Rudolf Karl Fritz** Die Entwicklung der strategischen Wissenschaft im 19. Jahrhundert * **Casper, Johann Ludwig** Handbuch der gerichtlich-medizinischen Leichen-Diagnostik: Thanatologischer Teil, Bd. 1 * Bd. 2 * **Cronau, Rudolf** Drei Jahrhunderte deutschen Lebens in Amerika. Eine Geschichte der Deutschen in den Vereinigten Staaten * **Cunow, Heinrich** Geschichte und Kultur des Inkareiches * **Cushing, Harvey** The life of Sir William Osler, Volume 1 * The life of Sir William Osler, Volume 2 * **Dahlke, Paul** Buddhismus als Religion und Moral, Reihe ReligioSus Band IV * **Dühren, Eugen** Der Marquis de Sade und seine Zeit. in Beitrag zur Kultur- und Sittengeschichte des 18. Jahrhunderts. Mit besonderer Beziehung auf die Lehre von der Psychopathia Sexualis * **Eckstein, Friedrich** Alte, unnennbare Tage. Erinnerungen aus siebzig Lehr- und Wanderjahren * Erinnerungen an Anton Bruckner * **Eiselsberg, Anton Freiherr von** Lebensweg eines Chirurgen * **Eloesser, Arthur** Thomas Mann - sein Leben und Werk * **Elsenhans, Theodor** Fries und Kant. Ein Beitrag zur Geschichte und zur systematischen Grundlegung der Erkenntnistheorie. * **Engel, Eduard** Shakespeare * Lord Byron. Eine Autobiographie nach Tagebüchern und Briefen. * **Ewald, Oscar** Nietzsches Lehre in ihren Grundbegriffen * Die französische Aufklärungsphilosophie * **Ferenczi, Sandor** Hysterie und Pathoneurosen * **Fichte, Immanuel Hermann** Die Idee der Persönlichkeit und der individuellen Fortdauer * **Fourier, Jean Baptiste Joseph Baron** Die Auflösung der bestimmten Gleichungen * **Frazer, James George** Totemism and Exogamy. A Treatise on Certain Early Forms of Superstition and Society * **Frey, Adolf** Albrecht von Haller und seine Bedeutung für die deutsche Literatur * **Frimmel, Theodor von** Beethoven Studien I. Beethovens äußere Erscheinung * Beethoven Studien II. Bausteine zu einer Lebensgeschichte des Meisters * **Fülleborn, Friedrich** Über eine medizinische Studienreise nach Panama, Westindien und den Vereinigten Staaten * **Gmelin, Johann Georg** Quousque? Beiträge zur soziologischen Rechtfindung * **Goette, Alexander** Holbeins Totentanz und seine Vorbilder * **Goldstein, Eugen** Canalstrahlen * **Graebner, Fritz** Das Weltbild der Primitiven: Eine Untersuchung der Urformen weltanschaulichen Denkens bei Naturvölkern * **Griesinger, Wilhelm** Handbuch der speciellen Pathologie und Therapie: Infectionskrankheiten * **Griesser, Luitpold** Nietzsche und Wagner - neue Beiträge zur Geschichte und Psychologie ihrer Freundschaft * **Hanstein, Adalbert von** Die Frauen in der Geschichte des Deutschen Geisteslebens des 18. und 19. Jahrhunderts * **Hartmann, Franz** Die Medizin des Theophrastus Paracelsus von Hohenheim * **Heller, August** Geschichte der Physik von Aristoteles bis auf die neueste Zeit. Bd. 1: Von Aristoteles bis Galilei * **Helmholtz, Hermann von** Reden und Vorträge, Bd. 1 * Reden und Vorträge, Bd. 2 * **Henker, Otto** Einführung in die Brillenlehre * **Henne am Rhyn, Otto** Aus Loge und Welt: Freimaurerische und kulturgeschichtliche Aufsätze * **Jahn, Ulrich** Die deutschen Opfergebräuche bei Ackerbau und Viehzucht. Ein Beitrag zur Deutschen Mythologie und Altertumskunde * **Kalkoff, Paul** Ulrich von Hutten und die Reformation. Eine kritische Geschichte seiner wichtigsten Lebenszeit und der Ent-

www.severus-verlag.de

scheidungsjahre der Reformation (1517 - 1523), Reihe ReligioSus Band I * **Kaufmann, Max** Heines Liebesleben * **Kautsky, Karl** Terrorismus und Kommunismus: Ein Beitrag zur Naturgeschichte der Revolution * **Kerschensteiner, Georg** Theorie der Bildung * **Kotelmann, Ludwig** Gesundheitspflege im Mittelalter. Kulturgeschichtliche Studien nach Predigten des 13., 14. und 15. Jahrhunderts * **Klein, Wilhelm** Geschichte der Griechischen Kunst - Erster Band: Die Griechische Kunst bis Myron * **Krömeke, Franz** Friedrich Wilhelm Sertürner - Entdecker des Morphiums * **Külz, Ludwig** Tropenarzt im afrikanischen Busch * **Leimbach, Karl Alexander** Untersuchungen über die verschiedenen Moralsysteme * **Liliencron, Rochus von / Müllenhoff, Karl** Zur Runenlehre. Zwei Abhandlungen * **Mach, Ernst** Die Principien der Wärmelehre * **Mackenzie, William Leslie** Health and Disease * **Maurer, Konrad** Island von seiner ersten Entdeckung bis zum Untergange des Freistaats * **Mausbach, Joseph** Die Ethik des heiligen Augustinus. Erster Band: Die sittliche Ordnung und ihre Grundlagen * **Mauthner, Fritz** Die drei Bilder der Welt - ein sprachkritischer Versuch * **Meissner, Franz Hermann** Arnold Böcklin * Meyer, Elard Hugo Indogermanische Mythen, Bd. 1: Gandharven-Kentauren * **Müller, Adam** Versuche einer neuen Theorie des Geldes * **Müller, Conrad Alexander** von Humboldt und das Preußische Königshaus. Briefe aus den Jahren 1835-1857 * **Naumann, Friedrich** Freiheitskämpfe * **Oettingen, Arthur von** Die Schule der Physik * **Ossipow, Nikolai** Tolstois Kindheitserinnerungen. Ein Beitrag zu Freuds Libidotheorie * **Ostwald, Wilhelm** Erfinder und Entdecker * **Peters, Carl** Die deutsche Emin-Pascha-Expedition * **Poetter, Friedrich Christoph** Logik * **Popken, Minna** Im Kampf um die Welt des Lichts. Lebenserinnerungen und Bekenntnisse einer Ärztin * **Prutz, Hans** Neue Studien zur Geschichte der Jungfrau von Orléans * **Rank, Otto** Psychoanalytische Beiträge zur Mythenforschung. Gesammelte Studien aus den Jahren 1912 bis 1914. * **Ree, Paul Johannes** Peter Candid * **Rohr, Moritz von** Joseph Fraunhofers Leben, Leistungen und Wirksamkeit * **Rubinstein, Susanna** Ein individualistischer Pessimist: Beitrag zur Würdigung Philipp Mainländers * Eine Trias von Willensmetaphysikern: Populär-philosophische Essays * **Sachs, Eva** Die fünf platonischen Körper: Zur Geschichte der Mathematik und der Elementenlehre Platons und der Pythagoreer * **Scheidemann, Philipp** Memoiren eines Sozialdemokraten, Erster Band * Memoiren eines Sozialdemokraten, Zweiter Band * **Schleich, Carl Ludwig** Erinnerungen an Strindberg nebst Nachrufen für Ehrlich und von Bergmann * Das Ich und die Dämonien * **Schlösser, Rudolf** Rameaus Neffe - Studien und Untersuchungen zur Einführung in Goethes Übersetzung des Diderotschen Dialogs * **Schweitzer, Christoph** Reise nach Java und Ceylon (1675-1682). Reisebeschreibungen von deutschen Beamten und Kriegsleuten im Dienst der niederländischen West- und Ostindischen Kompagnien 1602 - 1797. * **Schweitzer, Philipp** Island - Land und Leute * **Sommerlad, Theo** Die soziale Wirksamkeit der Hohenzollern * **Stein, Heinrich von** Giordano Bruno. Gedanken über seine Lehre und sein Leben * **Strache, Hans** Der Eklektizismus des Antiochus von Askalon * **Sulger-Gebing, Emil** Goethe und Dante * **Thiersch, Hermann** Ludwig I von Bayern und die Georgia Augusta * Pro Samothrake * **Tyndall, John** Die Wärme betrachtet als eine Art der Bewegung, Bd. 1 * Die Wärme betrachtet als eine Art der Bewegung, Bd. 2 * **Virchow, Rudolf** Vier Reden über Leben und Kranksein * **Vollmann, Franz** Über das Verhältnis der späteren Stoa zur Sklaverei im römischen Reiche * **Volkmer, Franz** Das Verhältnis von Geist und Körper im Menschen (Seele und Leib) nach Cartesius * **Wachsmuth, Curt** Das alte Griechenland im neuen * **Weber, Paul** Beiträge zu Dürers Weltanschauung * **Wecklein, Nikolaus** Textkritische Studien zu den griechischen Tragikern * **Weinhold, Karl** Die heidnische Totenbestattung in Deutschland * **Wellhausen, Julius** Israelitische und Jüdische Geschichte, Reihe ReligioSus Band VI ***Wellmann, Max** Die pneumatische Schule bis auf Archigenes - in ihrer Entwickelung dargestellt * **Wernher, Adolf** Die Bestattung der Toten in Bezug auf Hygiene, geschichtliche Entwicklung und gesetzliche Bestimmungen * **Weygandt, Wilhelm** Abnorme Charaktere in der dramatischen Literatur. Shakespeare - Goethe - Ibsen - Gerhart Hauptmann * **Wlassak, Moriz** Zum römischen Provinzialprozeß * **Wulffen, Erich** Kriminalpädagogik: Ein Erziehungsbuch * **Wundt, Wilhelm** Reden und Aufsätze * **Zallinger, Otto** Die Ringgaben bei der Heirat und das Zusammengeben im mittelalterlich-deutschen Recht * **Zoozmann, Richard** Hans Sachs und die Reformation - In Gedichten und Prosastücken, Reihe ReligioSus Band III

www.ingramcontent.com/pod-product-compliance
Lightning Source LLC
Chambersburg PA
CBHW051051230426
43666CB00012B/2652